- 成王敗寇
- 忠義氣節
- 爭權奪利

趙宗彪 著

史記中的不合時宜者

（重讀司馬遷，重新思考歷史如何審判正義與是非）

「若為忠義故，死亦何辜！」
——以血淚銘史，史記裡的人性價值

為道義赴死，為理想犧牲……
太史公屈辱成書，從《史記》中重新解讀忠義、不屈與抗爭精神

目錄

- 推薦序………………………………………………… 007
- 跟誰可以講道理……………………………………… 009
- 當聰明人很難………………………………………… 014
- 功臣可以不死嗎……………………………………… 019
- 改革未必就是風暴…………………………………… 024
- 如何才能禁錮思想…………………………………… 029
- 最偉大的友誼………………………………………… 033
- 悲歌為誰而吟唱……………………………………… 038
- 尊嚴的重量…………………………………………… 043
- 你把生命獻給誰……………………………………… 048
- 假如滄浪之水乾涸…………………………………… 052
- 個人的戰爭…………………………………………… 057

目錄

- 信用的價值⋯⋯⋯⋯⋯⋯⋯⋯⋯⋯⋯⋯⋯⋯⋯⋯⋯ 062
- 勇於失敗的英雄⋯⋯⋯⋯⋯⋯⋯⋯⋯⋯⋯⋯⋯⋯⋯ 067
- 編個鬼話騙天下⋯⋯⋯⋯⋯⋯⋯⋯⋯⋯⋯⋯⋯⋯⋯ 072
- 死是容易的⋯⋯⋯⋯⋯⋯⋯⋯⋯⋯⋯⋯⋯⋯⋯⋯⋯ 077
- 人間難捨是親情⋯⋯⋯⋯⋯⋯⋯⋯⋯⋯⋯⋯⋯⋯⋯ 082
- 穿越地獄的母愛⋯⋯⋯⋯⋯⋯⋯⋯⋯⋯⋯⋯⋯⋯⋯ 087
- 世上真有聖人嗎⋯⋯⋯⋯⋯⋯⋯⋯⋯⋯⋯⋯⋯⋯⋯ 092
- 娘家與婆家誰重要⋯⋯⋯⋯⋯⋯⋯⋯⋯⋯⋯⋯⋯⋯ 098
- 君王信任誰⋯⋯⋯⋯⋯⋯⋯⋯⋯⋯⋯⋯⋯⋯⋯⋯⋯ 103
- 何處是故國⋯⋯⋯⋯⋯⋯⋯⋯⋯⋯⋯⋯⋯⋯⋯⋯⋯ 108
- 別把自己當工具⋯⋯⋯⋯⋯⋯⋯⋯⋯⋯⋯⋯⋯⋯⋯ 113
- 忠臣的困境⋯⋯⋯⋯⋯⋯⋯⋯⋯⋯⋯⋯⋯⋯⋯⋯⋯ 118
- 弱者的公正夢⋯⋯⋯⋯⋯⋯⋯⋯⋯⋯⋯⋯⋯⋯⋯⋯ 123
- 孔子——華美的瓷器⋯⋯⋯⋯⋯⋯⋯⋯⋯⋯⋯⋯⋯ 128

- 素封，真實的謊言 ………………………………… 132
- 生子當如博望侯 …………………………………… 137
- 以己任為天下 ……………………………………… 141
- 陳勝：苟富貴，易相忘 …………………………… 146
- 趙奢、趙括：知人者智，自知者明 ……………… 150
- 刺客：不以成敗論英雄 …………………………… 154
- 韓信：恩仇之間見度量 …………………………… 158
- 韓非：照耀兩千餘年的思想光芒 ………………… 162
- 李斯：行走在權力的刀鋒上 ……………………… 165
- 劉邦：大風起兮我飛揚 …………………………… 168
- 呂不韋：經營權力的巨賈 ………………………… 171
- 四公子：四顆光芒四射的星星 …………………… 174
- 蕭何：一代名相垂千古 …………………………… 178
- 附錄：朝聖司馬遷十日記 ………………………… 182

目錄

推薦序

在這樣一個打開、翻檢目錄,竟然無書可買的年頭,一本別緻的小書樣稿,擺在了我的案頭。書的作者趙宗彪,是我多年的文字之交,不,我還看過他的許多木刻作品,喜歡得不得了。

跟他一樣,在這個世界上,我最喜歡的史學家,就是司馬遷。自然,《史記》我也通讀過。司馬遷是史學家,或者說,他不僅是史學家,還是思想家,更是文章聖手。古代的散文,依我看,沒有人超越他的。古人留下的二十五史,我說不上全都讀過,但由於職業的緣故,大部分文字是看過的。前四史之下,經常有讀不下去的,只得硬著頭皮看。但是,讀《史記》,卻是一種享受。

青春期的中國,可能有點草莽之氣;但是,也有一種說不出來的衝勁,萌氣,有活力,也有新鮮感。那時的中國人,即便是玩陰謀,也有可愛之處。有時候,看看漢墓磚上的畫,看看霍去病墓前的石雕,當然,還有《史記》,我都會恍惚——這是古中國人做出來的嗎?

司馬遷是個寫不完的人,我喜歡他,因為他是仗義之人,以區區太史令之身分,逆龍鱗去替李陵說話。司馬遷又是一個很有責任感的人,為了他的一家之言能夠流傳下來,甘受腐刑

推薦序

之苦和腐刑之辱。每每讀他的〈報任安書〉，我都想殺了那個被後人尊為大帝的傢伙。

我必須承認，趙宗彪讀《史記》，讀出了好多我沒有讀出來的東西，他從不做文字遊戲──當下時髦的文人會做的那樣。他的每篇筆記，都是有感而發，筆觸所至，經常令人拍案叫絕，又會有點遺憾──怎麼我沒有想到！

這就是趙宗彪，一個山水滋養出來的讀書人，一個見一面就可以推心置腹的人。不僅他的文字，看他的木刻作品，那一幅幅畫裡，分明也有文字，有思想，有能讓人深思的內涵。這回讀者有福，他的畫作和文字合一了；只是，肚子裡沒點溝壑的人，恐怕看不出裡面的名堂，不過，有心、有志者總還是會有的，我相信只要是個真正的讀書人，看到這本小書無法不喜歡。

張鳴

跟誰可以講道理

伯夷與叔齊在中國歷史上，都是正面人物。之所以是正面人物，原因是：他們都非常講道理。當然，這一條，對一般人而言，是理所當然的「宇宙真理」；但是，對有些人而言，則如登月飛天般艱難，關鍵還是身分問題。

這兩個講道理的兄弟，是商王朝中的邦國孤竹君的兒子，是「官員第二代」，分別是老大和老三，特權階級。不知什麼原因，他們的父王表示，不想讓老大伯夷接班，而想將大位傳給叔齊。君王沒有退休一說，常是當到生命的最後一刻。孤竹君去世後，臣子們按照君王的意志，讓叔齊接班當國君。但是，叔齊不接受，他認為做人要講更大的道理，由老大伯夷接班，這才是天理。老大伯夷說，叔齊接班，「父命也」，違不得，於是他逃走了。聽說哥哥逃了，叔齊也丟掉王冠跟著逃。沒辦法，臣民們只好推舉老二當國君。這個國君叫什麼名字？《史記》沒有記載，按照「伯仲叔季」的排列，估計是叫仲什麼的。

這對講道理的兄弟後來跑在一起，覺得回家不好，容易影響穩定的大局，那到哪裡去呢？聽說周國在西伯的正確領導下，凡事講道理，人民生活安居樂業，很適宜養老。他們一合

計，就啟程投奔，一路向西。

　　剛到周國的邊境，就遇到了迎面而來的周國軍隊。原來，西伯已經去世，諡文王，兒子姬發繼位，稱武王。武王正率領軍隊浩浩蕩蕩地向東出發，但不是來迎接兩個王子，而是去討伐商帝國的領袖紂王的。行進的兵車上，供著文王的木主。伯夷、叔齊兄弟問明原因後，大驚，堅定地擋在武王的馬車前，跟他講道理：「父親死了還沒有安葬，卻出兵動武，這是孝道嗎？以臣下的身分卻去討伐帝王，這是仁政嗎？」

　　武王的護衛們準備殺了他們。武王的高階參謀姜太公很講道理，他說：「此義人也！」要護衛們將他們扶走，大軍繼續前進。後來，武王推翻了商紂王的暴政統治，建立了周朝。這是西元前1046年的事，距現在也有三千多年了。歷史上將此事與西元前1600年的商湯代夏合稱為「湯武革命，順乎天而應乎人」。「革命」一詞，即出於此。

　　在天下百姓歡慶勝利的時刻，伯夷、叔齊兄弟卻在做艱難的選擇。都已換了人間了，是當個好臣民、服從周天子的領導，還是另起爐灶，堅持自己的道理？

　　兄弟倆認為，做人必須講道理，這個以暴易暴得來的政權是不義的，沒有道理。他們反對暴力，身為前朝的遺民，有權力採取和平的不合作態度。但普天之下，莫非周土。為了和現政權劃清界限，他們不但不出仕，而且「義不食周粟」，逃避到首陽山上隱居，「採薇而食之」，結果餓死在首陽山上。

關於兄弟倆是如何餓死的，有兩種說法。一種是因為長期吃野菜「薇」造成營養不良，使兄弟死亡。「薇」，在詞典中認為是巢菜。另一種說法是，同樣是遺民的人來到首陽山，對兄弟倆宣講政策：「你不食周粟很好，有氣節；但是，現在全國的土地與人民都是周朝姬發家的了，這座首陽山也是，山上長的薇、流的水，包括呼吸的空氣，也都是周朝的。您們看，該怎麼辦？」兄弟倆一聽，有道理，於是連薇也不吃，水也不喝了，最後也就停止了呼吸，以死亡的方式，與周武王講了最後一次道理。

從孔子開始，後人給這倆兄弟的禮遇非常高。孔子目之為「仁聖賢人」，讚嘆兩人「求仁得仁」。《史記》中，列傳的開篇就是〈伯夷列傳〉，司馬遷譽之為「善人」、「潔士」。漢以後，立祠致祭者，代代相傳，兄弟倆成為上下普遍尊崇的、非暴力抵抗的道義英雄。這說明，即使大多數政權也是以暴力獲得，但是，對社會而言，凡事要講道理，即使是習慣講暴力的君王們，對此也還是認同的。

人要講道理，這沒錯。但是，講道理需要條件。第一個條件是，雙方首先要有共同認定的道理。否則，雞同鴨講，永無結論。當時兄弟倆之間無法講道理，因為伯夷認為父命是理，而叔齊認為棄長立幼無理。兄弟倆與武王的分歧在於，面對商紂王的暴政，前者認為，講道理只能以和平的方式進行；後者認為，當和平無法解決暴政時，拿起武器反抗，才是最好的講

跟誰可以講道理

理。第二個條件是,講道理的雙方要平等。第一次兄弟倆在自己的地盤上講道理,大家都平等,所以有成果——以放棄王位來證明自己的道理正確,且最終贏得了道義上的勝利。第二次兄弟倆在別人的地盤上攔車講道理,因為不平等,差點送了命。最後,時代變成了周王朝,原本的王子兄弟成為平民,國王與臣民之間的不平等,導致說不成理,兄弟倆只能以生命捍衛講道理者的最後尊嚴。

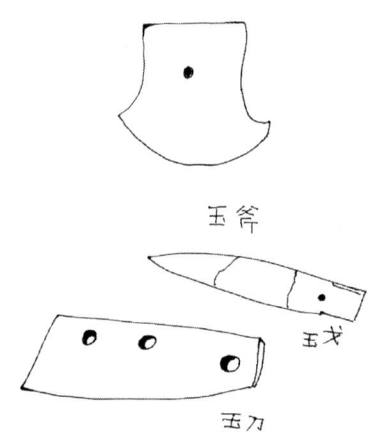

玉斧

玉戈

玉刀

跟誰可以講道理?除了前面兩個條件之外,還得有一個更前置的條件,那就是——只能與願意講道理的人講道理。如果擁有特權者只想講特權,那就無理可講了。從伯夷、叔齊一直受追捧來看,講道理,還是中國歷史的人心所向。因為講道理的反面,是講暴力。暴力更容易,但是,玉石俱焚之後,可能

又會進入永無止盡的暴力輪迴。

　不妨聽聽，魯迅《阿Q正傳》裡，阿Q和趙白眼們那熟悉的聲音：「洪哥，我們動手罷！」

當聰明人很難

認識這個世界,與認識自己,事實上是同一件事。自己與世界,互為映像。許多人終其一生,也沒有完成這個任務。不過,不認識更好,糊塗本身就是聰明人所追求的至高境界。以幸福度來說,當聰明人並不合算。

但是,身為君主,必須當聰明人;否則,會把事情弄糟。從戰國時期的形勢來看,凡是聰明人當家的,王國就長命。晉國原是大國和強國,後來,君主糊塗了,就被韓、趙、魏三家瓜分了,變成了三個王國。魏國的國君魏文侯算是聰明人。他最大的優點是重視人才──不是君王們品德好,而是形勢逼人,沒有辦法。我們非常熟悉的裝瘋賣傻,將巫婆丟進河裡治鄴的西門豹,就是替魏文侯工作的。

說起來,魏文侯還是很有遠見的。以國君之尊,他師子夏,友田子方,敬段干木,贏得了很好的社會聲譽。因為這三個人,是當時有名的知識界泰斗,在各諸侯國都很有號召力。

一般來說,物以類聚,國君是聰明人,他的手下聰明人就多;國君不是聰明人,下面就不會有聰明人,即使有,怕腦袋落地,也不敢太聰明,認定多叩頭、少說話安全,樂得裝糊塗。

西元前405年,魏文侯想任命一個丞相。他有兩個候選人:魏成子和翟璜。魏文侯覺得兩人都很好,一時拿不定主意。他認為部下李克是聰明人,就向他請教。

李克聽說是當這種參謀,而其中一個人選魏成子就是國君的弟弟,馬上推辭:「我聽說『卑不謀尊,疏不謀戚』,我不是皇親國戚,參與丞相的人事討論不合適。」魏文侯誠懇地說:「請先生不要謙虛推辭,還是說說您的看法。」李克說:「了解一個人其實並不複雜,只是君王您沒有注意到罷了,平時看他和哪些人交往。富裕了,看他如何花錢;當官後,看他推薦什麼人;沒當官了,看他不做什麼;貧窮了,看他不取什麼。這五方面,可以反映一個人的真實面貌,哪裡要等我來討論呢?」魏文侯是個聰明人,一點就通:「謝謝先生,請您回去吧!丞相的人選我已定下來了。」

李克從王宮出來,就直接去了翟璜的家。翟璜問:「聽說今天國君召見先生,請教丞相人選的事,確定了嗎?」李克說:「魏成子當丞相了。」翟璜憤然作色說:「以我們所看到的、聽到的所有事情,我有哪一樣做得比魏成子差?西河的太守,是我推薦的。國君認為鄴城難治,我推薦了西門豹。君王想討伐中山國,我推薦了樂羊,果然就攻取了;又缺乏人守衛,我推薦了先生您。君王的太子沒有好老師,我推薦了屈侯鮒。這些事情,哪一件不是好事?」

「我怎麼比不上魏成子?」李克說:「您說的推薦我當官,

與推薦丞相是兩碼事。君王問我的是丞相人選，我只提出了五個考察標準，沒有說誰合適。但是，對照這五個標準，肯定是魏成子勝出。您能與魏成子比嗎？他的俸祿有粟千鍾，十之九是給別人的，自家只留一份。所以，東方的卜子夏、田子方、段干木都來投奔他。這三個人，君王都以師長的禮遇對待。您所推薦的五個人，不過都是君王的臣子。您哪能與魏成子相比呢？」翟璜聽後，逡巡再三，向李克道歉道：「我翟璜是一個沒有見識的人，多有冒犯，請多多原諒，我願意終生做您的學生。」

　　事實上，李克所說的識人之法，不過是生活中的常識判斷而已。那些為女兒擇婿的準丈母娘們，也同樣會做的。女兒擇偶時，媽媽會四處打探男方的各種資訊──他的家庭、公司、朋友、經歷，這其實就是一種了解人才的途徑；但是，往往是位高權重者們，終日沉浸在諛詞語境中，以致失去了正常的判別能力。

　　魏文侯的孫子魏惠王執政時，衛國的公孫鞅在魏國權臣公叔痤門下做事，很受公叔痤的賞識。公叔痤病危時，魏惠王去探望，問他：「萬一您有不測，魏國怎麼辦？」公叔痤說：「我門下的公孫鞅是個奇才，希望您治國方面全聽他的。」魏惠王不以為意。公叔痤又說：「如果您不用他，就殺了他。」魏惠王以為公叔痤生病頭昏，淨說胡話。後來，這個公孫鞅到了秦國，受到重用，厲行改革，使秦國成了強國。最後，秦軍在他的率

領下進攻魏國，大破魏軍，魏王不得不割地求和，並遷都大梁以避秦軍鋒鏑。直到這時，魏惠王才後悔莫及：「我恨自己當初沒有聽公叔痤的話啊！」這個公孫鞅就是後來大名鼎鼎的商鞅。魏國的君主，真是一代不如一代。

這樣的事，歷史上從來不會是特例。

西元前645年，齊國的名相管仲病危，齊桓公專程去探望，並詢問他對丞相繼承人的看法。管仲謙虛地說：「知臣莫如君，還是您自己確定吧！」桓公問：「易牙如何？」易牙這個人，因為桓公說了句不知人肉滋味，居然回家將兒子殺了，蒸給桓公吃。管仲說：「殺子以討好君王，有違人情，不合適。」桓公問：「開方這個人怎麼樣？」開方是衛國的公子，到齊國侍奉齊桓公，在長達十幾年的時間裡，從未回國看望母親。管仲說：「背親以討好君王，有悖常理，遠離他。」桓公問：「豎刀如何呢？」豎刀為了接近齊桓公，自我閹割，做了太監。管仲說：「自宮以討好君王，違背人倫，不可親近。」不過，與魏王不同，齊桓公在管仲死後，竟反著他的意見做事，特別親近、重用易牙、開方、豎刀三人，結果奸佞當道，國是日非。一代英主，從英明走向了昏庸。桓公死後六十多天，仍然沒有入殮，因為兒子們還在為爭奪王位而相互殘殺，以致桓公的屍體腐爛生了蟲，蟲都爬到了宮門外。此後，齊國開始走向衰落。

世界上聰明人不多。

為什麼不多？因為人性如此，人總是自以為是，高估自己

的能力而低估他人的程度。本來,愛子女勝於愛別人,愛父母勝於愛別人,愛自己勝於愛別人,都是最基本的人間倫理。對那些違背常理的人,自然得小心;而凌駕於眾人之上的君王,最易高估自己,以為自己是「天之子」,而將任何對己有利的反常,視為正常,從而失去正常的判斷能力。

自己不聰明也沒關係,可以問聰明人,再去弄清楚,如魏文侯。但是,大部分人,一不會去問聰明人,二即使問了,也故意反其道而行之,堅信我的地盤我作主,堅信自己總是正確的,如魏惠王、齊桓公,都以為自己不是人,而是天上星宿下凡塵呢!所以,我們所看到的世界,依然還是妙趣橫生和啼笑皆非的。

功臣可以不死嗎

中國的歷史，每一頁都沉浸在鮮血中。頻繁的改朝換代中，常常有兩個血腥的時期無法避免：一是王朝更替之際，各個勢力之間，刀槍相對，陷入連年的征戰，死者相藉，流血漂杵；二是新王朝建立了，王朝內部，帝王又舉起了屠刀，開始對功臣的清洗，往往又是血雨腥風。

對於前者，人們都會理解。即使是沒讀過什麼書的人，也認為「打天下」是會死人的；但是，既然「天下」已「打」下了，為什麼還要屠殺呢？

這是因為君王和臣民的思維是不一樣的。立場不同，利益不同，觀點就不同。

清朝的文學家蒲松齡撰寫過一副有名的對聯：「有志者，事竟成，破釜沉舟，百二秦關終屬楚；苦心人，天不負，臥薪嘗膽，三千越甲可吞吳。」講的都是《史記》中的故事，前者說項羽破秦，後者說勾踐滅吳。從歷史看，後者的成功更艱難，也更不易。

當年，吳、越兩國在長期爭霸中互有勝負。但是，就整體國力而言，明顯是越弱吳強。西元前494年，由於勾踐的盲目

功臣可以不死嗎

輕敵,吳、越交戰中,越國慘敗。在亡國滅種的關鍵時刻,由於越國大臣文種卑辭厚禮的遊說,吳王夫差終於同意勾踐稱臣投降。勾踐在吳國為質兩年,深以為恥。後來,勾踐在文種、范蠡的幫助下,忍辱負重,發憤圖強,終於在西元前473年滅了吳國,實現「越兵橫行於江、淮東,諸侯畢賀,號稱霸王」的意願。

在舉國歡慶勝利的偉大時刻,為勾踐服務了二十年的范蠡,悄悄地離開了越國,北上齊國當商人去了,後來成為首富「陶朱公」。他寫給文種一封千古傳誦的信:「飛鳥盡,良弓藏;狡兔死,走狗烹。越王為人長頸鳥喙,可與共患難,不可與共樂。子何不去?」

文種以為是范蠡多心了,於是請了病假不上班。這時,有人不失時機地向越王進讒,說文種要作亂,於是越王順水推舟地,賜屬鏤寶劍給文種:「你曾經告訴我伐吳的七個策略,我只用了三個,就消滅了吳國,還有四個在你心裡,希望你到我父王那裡去施行吧!」文種只好拿屬鏤劍自殺,到地下去為勾踐的爸爸允常服務了。

此後兩百多年,漢高祖劉邦又重演了一場兔死狗烹的歷史劇。

按照劉邦自己的說法,他之所以能夠「坐天下」,是因為他有三個主要幫手的緣故:「夫運籌策帷帳之中,決勝於千里之外,吾不如子房(即張良)。鎮國家,撫百姓,給餽餉,不絕糧道,吾不如蕭何。連百萬之軍,戰必勝,攻必取,吾不如韓

信。此三者，皆人傑也，吾能用之，此吾所以取天下也。」但是，這三人，除了張良在劉邦當皇帝後立即自請告退，百事不管，才得以免遭禍患，另外兩個都沒有好下場。

蕭何雖然是劉邦寒微時的老長官、老朋友，也是其追隨者，劉邦甚至承認蕭何「功第一」，封其為丞相，「賜帶劍履上殿，入朝不趨」。但即使這樣，劉邦也一直對他心存疑慮，總怕他有異心。為了自保，蕭何不得不自汙其名，違心地利用權力強買田地，「贏得」了百姓的背後詛咒和攔路告御狀，這才讓劉邦龍心「大悅」。為了活命，他在韓信的生死問題上落井下石，也站在小人立場上。後來，蕭何向劉邦提了一點合理的小建議，劉邦馬上翻臉，將老邁年高的丞相關進大牢，羞辱了一通。蕭何雖然保住了老命，但是處境岌岌可危，從此再也不敢提意見了。他的住宅，選在偏遠之地，不敢奢華，也不敢築高屋、打圍牆。如此謹小慎微，總算換得善終的結局，死後還諡為「文終侯」。

而為劉邦立下最大戰功的韓信，卻沒有如蕭何那樣謹言慎行，或因為功高震主，或因為他所具有的軍事天才，而落得個身首異處的下場。事實上，韓信的謀反，一直是個疑案。他原先因為戰功被封為齊王，後來，劉邦懷疑他謀反，將他抓了起來。他當面就對劉邦發牢騷：「果如人言：『狡兔死，良狗烹；高鳥盡，良弓藏；敵國破，謀臣亡。天下已定，我固當烹。』」劉邦拿不出他謀反的證據，只好暫時饒他一命，將他從齊王貶

功臣可以不死嗎

為淮陰侯。韓信知道劉邦對他不放心，就常常稱病不上朝，也語露怨氣。最後，還是由劉邦的老婆呂雉出面將他殺了，並且「夷信三族」。聽到韓信的死訊時，劉邦「且喜且憐之」。

翻看中國的歷史，功臣必須死，似乎是一個宿命。專制政權為了鞏固獨裁，只得無休止地製造敵人、製造恐懼，因為所有的專制體制，上下級之間永遠缺乏信任。這與君主的長相是否「鳥喙」沒有任何關係。古今中外，君主都害怕他人，就連他們的子女也不會信任。君主們當然知道大部分臣下沒有謀反之心，但是，只要臣下有了一定的能力，無論他如何表示效忠，對君王而言，最好的效忠，還是到黃泉最徹底。明朝的朱元璋一當上皇帝，立刻殺胡惟庸、殺藍玉，也是一種制度的慣性使然。為什麼所有王朝發展到後來，都無一例外地衰落了？因為所有的人才都在一次次的清洗中被剿滅了，剩下的都是奴才了。

秦末的那個青年農民陳勝曾對同伴們說：「苟富貴，勿相忘」，但是在大澤鄉起義並自封為王之後，當年的同伴們真的來了，結果他們等來的不是富貴，而是送命。因為舊時同伴知道他的底細，言談過去的舊事，有損他的形象和權威。項羽一腳踢開亞父范增，也是出於同樣的原因。陳、項之所以沒有成功，大概也是因為狡兔還在跑的時候，就開始烹走狗了。

「狡兔死，走狗烹」是所有專制王朝無法逃脫的鐵律，只有宋朝因為以和平演變獲得政權，有點例外。宋太祖趙匡胤以「杯酒釋兵權」的辦法，解除了功臣們的武裝，以便自己可以安睡。

但是，其本質是一樣的，只是他用的是溫柔鄉，別人用的是屠刀。而且，他的後代子孫，還是依照鐵律辦事，杭州西湖邊的岳飛墓，就是最好的證明。

功臣當然可以不死。不死的條件僅僅是，國家沒有了專制的君王。

改革未必就是風暴

縱觀歷史長河,改革是文明進步的催化劑。大部分的改革,都推動了社會的進步,促進了民眾的福祉。但是,改革每次都非常艱難。一是所有的改革,都會遭到既得勢力的強烈反對。因為改革是對社會資源的重新配置,如果讓既得利益者對改革投票,一定支持票少、反對票多。所以,改革需要由大智大勇者擔當。二是大規模的改革都需要全局設計。沒有君主的支持,改革就不可能實施。

世界上的事情,大凡並不能因為目標美好,就可以不擇手段。目標和實現目標的方法,都需正義。我們不妨從兩千年前的兩個改革案例來看看,方法與目標之間究竟是什麼關係。

胡服騎射的趙武靈王是趙國的第六位君王,一共在位二十七年。他親政初期,趙國是一個爛攤子:國小民弱,在和其他諸侯國的交往中,沒有多少話語權,周邊形勢也不好。中山國一直是心腹之患,北方燕國虎視眈眈,東邊有東胡為敵,西部有與林胡、樓煩、秦國、韓國的邊界糾紛,趙國長期處於被動應付的困局之中。

西元前 307 年,趙武靈王召開了為期五天的大臣會議,商討

國家大事。會議一結束,他立即帶領大臣們到趙國各地巡察。巡察結束,趙武靈王告誡群臣:「形勢在不斷變化,我們已經落後於周邊王國了,對付強鄰,我們也沒有足夠的軍事力量。我認為,必須移風易俗,堅決放棄寬袍博帶的華服,改著胡人窄袖緊身的『胡服』;放棄兵車作戰,改革軍事,學習游牧民族的單騎射箭。要建設一流的軍事強國,必須『胡服騎射』」。

不料,趙武靈王的意見只得到大臣樓緩一票的贊同。但是,年輕的國君有的是時間,等得起。他向大臣肥義反覆說理、動員,終於又得到肥義的一票。為了給人直觀的印象,君王自己帶頭,在上朝時穿起了胡服。

趙武靈王的叔父公子成在國內位高德尊,但對「胡服騎射」的改革路線也不理解,認為這是對傳統的顛覆和褻瀆;今見君王居然穿胡服上朝,他更加生氣了,就裝病不上朝。面對堅定的反對聲音,趙武靈王有兩種選擇:一種是硬的,令行禁止,嚴格執行改革,不支持的,一律丟帽子或砍脖子;一種是軟的,繼續說服,轉變他們的想法,爭取更多的支持。

趙武靈王採取後者。他親自上門探望裝病的叔父,從嚴峻的諸侯國之間的形勢,說到落後的國內工作;從歷史的傳承,說到當代的潮流,說明了改革的緊迫性、必要性、可行性,終於得到老叔父的贊同。趙武靈王趁熱打鐵,馬上命人為公子成送來胡服。第二天,公子成就穿著胡服上朝了。

公子成一帶頭,大部分臣子就都改穿胡服了。但是,仍然

改革未必就是風暴

有趙文、趙造、周袑、趙俊等大臣想不通。有人說,再想不通,就按敵對勢力對待。趙武靈王堅決反對。他認為,認知有先後,不管支持或反對「胡服騎射」,都是出於對趙國的熱愛,都是君王的擁護者。所以,趙武靈王依然不厭其煩地去說服,說明師古不足以制今,變是永恆的,想要不落後,只有變。趙武靈王的耐心和誠心終於打動了所有大臣,他們也都開始支持改革大計。朝廷中樞思想「通」了,接下來便是舉國皆通。於是,趙國上下,一變原有的寬袖大袍,改穿更加方便的胡服;對外開放,引進游牧民族的騎兵當教官,學習先進的軍事技術。

「胡服騎射」的改革終於成功了,因為趙武靈王的妥協和溫和,趙國沒有流血,也沒有產生內訌。趙國因為此舉,終於成

為北方的軍事強國。

與趙武靈王相比，在歷史上影響更大的另一次改革，是稍早一些的西元前359年，商鞅在秦國的軍事改革。他實行了編伍和連坐制，告密、賞耕戰、宗室無功不得封賞等嚴刑峻法，實現了秦國的空前強大。商鞅共執秦政二十一年，為一百多年後秦國最後的統一大業，奠定了軍事與經濟基礎。

不過，商鞅的改革，是採取疾風暴雨的方式，得罪了太子等人。所以，當秦孝公一死，太子繼任，馬上以謀反的罪名追殺他。最後，商鞅被車裂，全家被消滅。

人類歷史上的所有改革，說到底，無非是兩個目的：效率與公平。趙武靈王和商鞅的改革同樣如此。改革難就難在要權力階層做出犧牲，要傳統習慣發生改變。這就需要妥協、需要觀念的轉變，求得更多人的支持。趙武靈王做得很成功，他不是採取疾風暴雨的方式，而是親自上門，說服教育，以理服人，讓大臣們有一個適應的過程。事實上，他完全有條件用不服從即殺戮的血腥手段。所以，他的改革成果明顯：趙國雖小，卻是六國中唯一可以與秦國旗鼓相當對抗的軍事強國。於強國而言，商鞅的變法目的當然正確，但是，他所採取的方式，未免過於激烈！太子犯法，對太子的兩個老師公子虔和公孫賈都動了肉刑，一個割了鼻子，一個黥了臉面。原先有數以千計的國人講新法不好，後來過了十年，這些人又說新法好。本來這也是正常的事，但是，商鞅卻將這些支持者全部充軍到邊疆以

改革未必就是風暴

示懲罰。從此以後，在秦國，誰也不敢再議論改革了。這對改革和商鞅本人，其實並不是好事。

所以，等到太子一上臺，商鞅自然在劫難逃。其他的改革如吳起變法、晁錯（鼂錯）變法，變法人最後都被殺，這與他們一味地相信鐵血而捨棄妥協有關。

改革，都是不得不改，就像所有的動物進化，都是不得已的選擇。趙國、秦國不改革，就會被周圍的王國消滅。沒有效率，會被淘汰；沒有公平，不會持久。所以，朝著這兩個永恆的目標，社會總會不斷向前，就像大河總會東流一樣。

對一個人而言，他的生命總有一天會完結；但是，他當時開創的事業得以延續，一定程度上也可以說他的生命依然靈動。因此，對趙武靈王、商鞅而言，他們雖然已死去兩千多年，但是，在服裝、騎兵的樣式、兩千年中央集權的體制裡，都依然晃動著他們的影子。

如何才能禁錮思想

　　如何才能禁錮思想，這是所有專制政權非常關心的問題，也是一個世界性難題。幾千年來，歷代君王嘗試過種種可能的解決方法，但思想如黃河之水滔滔不絕，最後都沒有徹底解決這個難題。

　　當然，傳說中的黃帝、堯、舜等聖賢之輩從不如此，按照一些歷史學家的分析，因為那時是氏族社會，而且還是民主社會。夏商以後是周，都是分封建國的時代，但是，民主與專制，似乎並未定型，只與君王的喜好大有關係。真正從制度上實施君王專制集權的，當從秦始皇開始。

　　周厲王姬胡是周王朝的第十位君主。這位君王從西元前877年開始當政，到西元前828年歸天，一共在位五十年。在周朝的近八百年中，是統治時間超過五十年的三個君王之一。

　　按照《史記》的說法，這位「王行暴虐侈傲」，也就是他什麼都自己說了算，聽不進不同意見，自以為是，作風專橫，生活奢侈。簡而言之，就是「暴政」，弄得大家日子都不好過。大臣和民眾當然要議論和譴責。姬胡他老人家非常不高興百姓對自己的政策和行動說三道四，認為百姓是一群刁民，專門攻擊君

如何才能禁錮思想

王,實際上是想造反。只要有人檢舉告發,就一刀喀嚓掉,讓他永遠不能說話。凡是擔心他人議論自己的,總是越疑心、越害怕,到最後就會發現,全世界的人都是自己的敵人。姬胡到後來,變本加厲,禁止人們「偶語」,也就是在公共場合不能兩人以上在一起說話,因為在一起一說話,就有攻擊君王的嫌疑。民眾有智慧,在路上碰到朋友、熟人,只眨眨眼、翻翻眼珠,就是不說話,就算是打了招呼了。當然,最苦的,恐怕是戀愛中的男女,不能說話,僅靠送秋波,怎麼進行交流?但是,厲王知道了,非常高興,終於聽不到議論他的「雜音」了!

議論禁錮了,議論他的「雜音」消失了,厲王聽到的,只有「就是好呀!就是好!就是好!」之類的讚歌,但是,思想並沒有被禁錮住。最後大家將他的獨裁暴政推翻了,由大臣執政,號稱「共和」,就是凡事大臣們商量,有不同意見當眾辯論,不由君王一個人說了算。這一年是西元前841年,中國有確切紀年的文字歷史,就是從此年開始的。

但是,姬胡並沒有下臺。因為那時的人們善良淳厚,認為君王是天神的代表,不能隨便處理,只要他不作惡了,就讓他繼續坐在臺上吧!當個好擺設。所以,名義上他還是君王,只是不再讓他說了算。直到十四年後,他死去為止。

厲王姬胡以後,這麼做的人少了。因為歷史的發展,按照正常的人性邏輯方向,是人更加自由,思想更加解放,文化更加多元,如果朝相反的方向努力,一是很累,二也不持久。但

是,天下從來都有膽大包天者。四、五個世紀後,衛國人商鞅就到秦國這樣反向努力了。

前期的秦國是周分封邦國西北的一個小國,文化上相對於東方,較為落後,中原地區均以「戎狄」視之,也不太被諸侯國看得起,雖然這些國君都是堂兄弟或表親,但大家都不願認這門親戚。西元前 362 年,二十一歲的嬴渠梁當上了秦國的最高領導者,史稱秦孝公。這個年輕人嚥不下被人輕視這口氣,決心改變落後面貌,要做分封邦國中先進的代表。這時候,急欲出人頭地的衛國年輕人商鞅(此時尚叫衛鞅)剛好也到了秦國,兩人一拍即合,開始了富國強兵的大業。

根據《韓非子》記載,商鞅的改革大致有:取消貴族特權,獎勵耕戰,實行嚴密的戶籍制度、告密制度,燔《詩》、《書》而明法令。這些以強兵為目標的改革措施中,「燔《詩》、《書》」為首創,比周厲王更加嚴厲,目的就是為了統一思想、消滅思想,最後實現「一個國家只有君王一個大腦」的目標。不過,這些辦法短時間內還真的有點用,商鞅變法十八年後,秦國已經從沒人理睬的邊疆小國,變成了沒有文化卻有強大軍隊的、人人懼怕的「虎狼之國」。

商鞅那套消滅文化、消滅思想的做法,得到了韓國公子韓非子的高度讚賞,他在總結了商鞅的經驗之後認為,對於君王最有利的國策是:獨裁、強兵、愚民。為此,「明主之國,無書簡之文,以法為教;無先王之語,以吏為師」。最終實現「太上

如何才能禁錮思想

禁其心,其次禁其言,其次禁其事」的目標。韓非子的這些思想傳播後,在東方諸國都沒有市場,但是卻在秦孝公的後代嬴政(也就是後來的秦始皇)那裡找到了知音。西元前233年,秦始皇終於以攻打韓國的方式,得到了韓非子,一交談,引以為知己。雖然後來韓非子被殺,但是他的學說,在他的同學李斯和秦始皇不遺餘力的推廣下,得以在秦國從理論變成了完全的現實。

秦始皇統一六國後,繼續實行以韓非子理論指導全國人民的思想。原來只在西北一隅實施的措施,現在得以在中華大地實行。李斯認為,對君王的法令無論支持還是反對,凡是議論,都有損君王的權威,必須徹底剷除。而各國的歷史文化典籍,都必須通通燒毀。「有敢偶語《詩》、《書》者棄市(即殺頭)。以古非今者族(即滅族)。吏見知不舉者與同罪。令下三十日不燒,黥為城旦(臉上刺字,終身服勞役)。」於是,大江南北開始升起焚書的火焰。中國的絕大部分文化典籍,都被付之一炬。

嬴政和李斯的這些做法,後代不同立場的人都有各自的說法。大部分人認為,這是對文明的倒行逆施,也有小部分人認同;但「坑灰未冷山東亂,劉項原來不讀書」,是很典型的評價。以某些地方的土語而論,這是「絕後代做」。民間語言往往一語中的。看看歷史上的商鞅、嬴政、李斯這三個人的結局,果然。

最偉大的友誼

　　君臣、父子、夫妻、兄弟、朋友為人之五倫。孟子認為，人倫中的雙方都要遵守一定的規矩。父子之間有骨肉之親，君臣之間有禮義之道，夫妻之間摯愛而又內外有別，老少之間有尊卑之序，朋友之間有誠信之德，這是處理人與人之間關係的道理和行為準則。五倫之中，君臣、父子、夫妻、兄弟的關係，大部分情況是被動的：人一般難以脫離現有的君臣關係，夫妻當然可以離異，但終歸不多，父子、兄弟更是天生的，無法改變。我以為，人間最好的關係，還是朋友，因為可以自由地選擇，雙方都平等。

　　關於朋友的故事，管仲與鮑叔最讓人感動。他們的偉大友誼，讓我們有了足以讓人自豪的成語「管鮑之交」。這是友誼的典範。

　　他們都是齊國人。齊國是當時國際上的貿易大國，商業發達。年輕時，他們合夥做過生意，出資、出力都一樣，但每次分紅時，管仲都會多拿一些，夥計們有意見，鮑叔卻說，不是管仲貪心，而是他家裡窮，負擔重，需要多拿一點。後來，管仲過意不去，獨自去做，結果反而大虧。鮑叔又勸慰他：「不是

你不夠聰明,而是機遇不好。」管仲曾當過三次官,三次都被上級罷免,弄得灰頭土臉的,但鮑叔依然堅信,不是管仲能力有問題,而是官運不濟。更不可思議的是,管仲當兵打仗的時候,並不勇敢,鮑叔認為,這並不表示管仲怯懦,是因為他惦記著家中老母無人贍養。人間有如此的知己,真是天下一絕了。

齊國這個東方大國,出的國君和人物,都非常有個性,都有點愚笨,都有點腦筋不轉彎。當時的國君齊襄公諸兒(諸兒是齊襄公本名),因為好色、失信、亂殺人,導致國政日非。看到國內亂糟糟的,襄公的兄弟們紛紛跑到外國去政治庇護。二公子糾的外婆在魯國,就去了魯國,身為他師傅的管仲、召忽也跟著去了。三公子叫小白,逃到了莒國,小白的師傅是鮑叔,也緊跟前往。一對摯友,跟了不同的主子。

不久,齊國果然發生內亂,齊襄公被弒,公孫無知繼承了王位。只是血腥得來的寶座不牢靠,沒過多久,公孫無知又被人殺了。一時間,齊國的權力出現了空白。得到消息,有條件接班的公子糾和公子小白,在魯、莒兩國的支持下,帶領所在國的軍隊,快馬加鞭地回國。此時,誰的馬快,誰就可能當國君。魯國國君頭腦會轉彎,為了消除競爭,在派兵送公子糾回國的同時,請管仲帶兵到小白回國的必經之地設伏,務必殺死政敵。此計果然有效,管仲終於等到匆匆回國的公子小白,一舉消滅了他的衛隊,並彎弓拉箭,射中了小白的帶鉤,小白裝死,躲過了一劫。得到小白已「死」的消息,魯國國君大喜,

就陪齊國的候任國君公子糾,帶領軍隊,浩浩蕩蕩一路欣賞景色,不慌不忙地向齊國出發。

龍山文化
紅陶鬶

待到了齊國國境乾時這個地方,卻遭到齊軍的迎頭痛擊,毫無防備的魯軍一敗塗地,還被斷了退路。原來,公子小白裝死之後,知道情況危急,立刻換了一輛馬車,一路狂奔回到國都,在大臣高傒等人的支持下,順利地坐上了齊王的寶座,史稱齊桓公。齊桓公寫了一封信給魯君:「糾是我哥哥,我不忍下手,請你殺了。他的兩個隨從召忽和管仲是我的仇人,我要親自將他們做成肉醬。你不照辦,我就滅了魯國。」齊強魯弱,魯國國君只好殺了外甥公子糾。召忽不願回國受辱,自殺了。魯國將管仲裝上了囚車,送往齊國。

這時鮑叔身為齊桓公的師傅,正是君王跟前的紅人,他當然知道老朋友的遭遇,也知道齊桓公的心思。在囚車剛從魯國

最偉大的友誼

出發時，他便不顧自己安危，向齊桓公進言：

「我非常榮幸地跟隨著您，您也成了國君。您是一國之尊，我的能力已無法讓您得到更高的榮耀。如果您想把齊國治好，只要有現在高傒和我幫助就足夠了。如果您想稱霸天下諸侯國，那麼，則只有得到管仲才行。管仲是國寶級的人才，您千萬不可錯過。管仲為什麼要射您一箭？不是他和您有冤仇，而是對他的主人公子糾盡忠，您千萬不能計較。現在他的主人死了，他的同僚召忽也自殺了。為什麼管仲沒有自殺以彰顯自己高貴的氣節？我了解管仲，他知道自己可以為齊國做出更大的貢獻，他不願意為了這些空名犧牲自己的生命。他還在等待時機，而這個機會恰恰需要您給予他！」

好在齊桓公是個聰明人，有稱霸天下的野心，對自己的老師也很尊重，所以，就聽從了鮑叔的建議，赦免了管仲，並派鮑叔去迎接。後來任命管仲為相、為上卿，即齊國的次要領袖，舉齊政以聽之。而鮑叔又和高傒、隰朋等舊大臣一起，心甘情願地當管仲的配角，一起為振興齊國而奮鬥。管仲果如鮑叔所言，是個人才，「不慕古、不留今，與時變、與俗化」，在各個領域都進行開拓性的全面改革，使齊國成為諸侯國中唯一的軍事、經濟、文化強國，國人也達到「上下能相親」的和諧境界。齊桓公當然也成為天下盟主和霸主，成為地球東方最出風頭的人，以致後人常常為擁有高度文明的齊國，最後沒有統一中國而嘆息。

管仲生年不可考，死於西元前645年，他去世後九十多年，孔子出生。儘管世間普遍認同管仲是「賢臣」，但孔子對管仲的評價不高。孔子認為，管仲應該讓天下人都崇敬周王室，而不是讓齊桓公當霸主。倒是梁啟超的評價較中肯：「管子者，中國之最大政治家。」

可以說，沒有管仲，就不會有齊國的強盛。當然，沒有齊桓公的信任，管仲的才華也無施展的舞臺；但是，更關鍵的人物，還是鮑叔，如果沒有老朋友的極力保薦，管仲早就順理成章地做了刀下之鬼，且沒有一個人會覺得他有什麼冤枉。

鮑叔因為對管仲的舉薦，在齊國享有崇高的威望。他的「子孫世祿於齊，有封邑者十餘世」，「天下不多管仲之賢，而多鮑叔能知人也」，可見人心之相通。

理解和欣賞，是友誼長存的前提。鮑叔的偉大，不但在於他有知人之明、容人之量，更可貴的是，還願意讓朋友來當自己的上司，而又屈身其下，甘心出讓自己的第二權力之位，襄助管仲實現自己的抱負。這樣偉大友誼的存在，足以照亮春秋時期三百年充滿血腥殺伐的歷史。如此的知音，在管鮑之後，已很難尋覓。

四百年後，同樣是朋友，李斯知道韓非的能力遠超於他，怕韓非受秦王的重用，李斯做的，是將韓非關進監獄，再送去毒藥。

悲歌為誰而吟唱

　　如果要我去一座孤島，只能帶一本書，我肯定選《史記》。因為《史記》中，躍動著足以讓人類自豪的人的精神，閃耀著高貴的人性光輝，讓人不忍、不甘、不願當奴隸。

　　在書中，無論是帝王、士人，還是販夫走卒，一個個都有不可屈服的尊嚴和鬥志。為了理想，他們一往無前地奮鬥；為了踐諾，一擲千金；為了尊嚴，可以犧牲生命。《史記》最讓人激動的，永遠是人，一個個生動活潑的人，有著高貴的心靈、不屈的精神、充沛的豪情。勝利的英雄們，固然能夠贏得鮮花和榮耀，但失敗的英雄，依然光彩照人，命運之神即使沒有眷顧，他們不能實現自己的理想，卻沒有失去人的魅力。

　　《史記》是中華文明前三千年的總結，呈現給我們的，是一個健康、陽剛、豪邁的青年，正舉著一把青銅劍，呼嘯著在華北平原上自由地奔跑。他是和萬國、安鬼神的黃帝，是耕歷山、漁雷澤的大禹，是上下問天的屈原，是易水送別的荊軻，是義不帝秦的仲連，是勾踐，是伍員，是田橫，是李廣……《史記》中的所有人，都是悲劇中的英雄。司馬遷以悲天憫人的情懷，寫出了人類的困境：在命運面前，有些人可能是幸運者；

但是，不論你的所謂功業是成功還是失敗，在死亡這個最後歸宿面前，沒有一個人可以例外。

死亡是人類最偉大的創造，也是所有生命都擁有的最終宿命。在這個巨大的悲劇面前，所有人都無法逃遁。在司馬遷的眼裡，劉邦和項羽都是位列本紀的偉大英雄，但是，在死亡面前，同樣只能吟唱悲歌。

在結束秦政之後的爭霸戰中，劉邦和項羽從同袍，最後變成了敵人。垓下之戰，楚漢相爭的勝負大局已定。面對失敗的局面，項羽的表現，讓兩千年以後的我們，依然唏噓不已。

項王軍壁垓下，兵少食盡，漢軍及諸侯兵圍之數重。夜，聞漢軍四面皆楚歌，項王乃大驚曰：「漢皆已得楚乎？是何楚人之多也？」項王則夜起，飲帳中，有美人名虞，常幸從；駿馬名騅，常騎之。於是項王乃悲歌慷慨，自為詩曰：「力拔山兮氣蓋世，時不利兮騅不逝。騅不逝兮可奈何，虞兮虞兮奈若何！」歌數闋，美人和之。項王泣數行下，左右皆泣，莫能仰視。

檢驗一個男人是否有真性情，看他對女人和弱者的態度可知。無情未必真豪傑，項羽之所以讓宋代的女詩人李清照也稱之為「人傑」，可能與此有關。項羽死時，年僅三十一歲。

身為貴族，項羽有名的歌唱就這一次。他的悲歌，是在死亡面前，為了一個女人而唱。劉邦卻有兩次。

劉邦開創了平民透過努力奮鬥，也可以統治世界的新時代。他的第一次歌唱，是在衣錦還鄉之後，唱的是「大風起兮雲

飛揚,威加海內兮歸故鄉,安得猛士兮守四方」。

但是,在項羽死後七年,劉邦有著與老對手一樣的困境:面對即將到來的死亡,和心愛的女人一起唱起最後的悲歌。

劉邦的皇后是呂雉,他們的長子劉盈,已被立為太子。劉邦後來又寵幸了一個妃子叫戚夫人,生了一個兒子叫如意,封為趙王。愛母及子,劉邦的晚年,一直在與大臣們及皇后外戚鬥智鬥勇,他想將自己的皇位傳給趙王如意。大臣們之所以反對,是因為嫡長傳位是流傳兩千多年的傳統,這個老規矩不能破。外戚們的反對,是切身利益所繫,如果太子易人,榮華富貴可能變成人頭落地。呂雉、呂釋之兄妹在張良的幫助下,使出渾身解數,終於鞏固了太子地位。面對自己的失敗,雖然貴為皇帝,劉邦也無可奈何。

劉邦知道自己來日無多,傷心地對最心愛的戚夫人說:「我想換掉太子,但是,太子已有這四個人的輔佐,羽翼已成,我已動不了了。以後的事情,只有呂后能作主了。」知道呂后手段的戚夫人哭泣不已。劉邦說:「妳為我跳楚舞,我為妳唱楚歌吧!」劉邦唱道:「鴻鵠高飛,一舉千里。羽翮已就,橫絕四海。橫絕四海,當可奈何?雖有矰繳,尚安所施?」已經風燭殘年的老皇帝,面對無情的歲月,當年在老家唱〈大風歌〉的豪情壯志,早已一去不復返了。

劉邦和戚夫人反覆歌舞,戚夫人已經泣不成聲,當年的勝利英雄,再也無法忍受如此悲愴的場面,只得匆匆離去。

六十二歲的末路英雄，充溢心頭的，除了悲涼，還是悲涼。無論是什麼英雄，最後面對的，是都要死去的宿命。劉邦可曾想起，自己和老對手項羽當年的垓下悲歌，怎麼如此的相似……

項羽明白，在自己戰敗之後，等待虞姬的戰俘命運將會是什麼。他最後放不下的，不是功業，而是女人。《史記》沒有寫虞姬的下場，根據其他史書的記載，虞姬為了讓項羽能安心突圍，是在項羽吟唱楚歌之後，自刎於帳下。民間戲曲也是如此安排情節的。

知妻莫若夫。呂后「為人剛毅」，在配合劉邦剷滅功臣上厥功至偉，是個心狠手辣之人。劉邦之所以悲傷，是因為他知道，在自己死後，最喜歡的女人和兒子，面對呂后這種角色，將會是什麼結局。

劉邦死後，他一直想廢卻未能如願的十六歲太子劉盈即位，是為孝惠帝。惠帝倒是一個寬厚之人，知道呂后的心思，對自己的弟弟趙王如意呵護有加；但是最後，十一歲的小王子還是被報復心非常重的呂后乘隙毒死。而更顯呂后殘忍的是，她對戚夫人的迫害，到了人神共憤的地步：她將情敵戚夫人砍斷四肢，刺瞎眼睛，燻聾耳朵，餵她吃啞藥，然後將她丟在廁所裡，稱之為「人彘」。過了幾天，她還不解恨，特地叫親生兒子孝惠帝去看。皇帝看到一堆肉體，不知何物，一問，才知道原來是美麗的戚夫人，乃大哭，皇帝被嚇出了大病，從此不理朝政。

041

悲歌為誰而吟唱

　　呂后在劉邦死後，事實上開創了她自己的呂家時代，專權漢政達十五年，但是，她的這些做法，並沒有幫呂家帶來利益。在她死後，迎來的是老臣們對呂氏家族的大屠殺。如果劉邦地下有靈，會有何種反應？悲乎，喜乎？如果劉邦和項羽地下相逢，各自說起自己心愛女人的最後下場，又不知會作何對話。

　　他們該不會一起再唱彼此都熟悉的楚歌了吧！

尊嚴的重量

尊嚴重要如空氣,卻看不清,又摸不到。按照某作家的說法,尊嚴就是自己是被人當成人,還是當成東西。我以為,尊嚴,更多的表現還是自己的定位,就是你怎麼看自己。

看《史記》,我們會發現,先賢們那麼講尊嚴,為後人做出了好榜樣。

魏豹是魏國的落魄公子,在秦末的大亂中,以武力征戰成為魏王。在楚漢爭霸戰中,倒向項羽一方。劉邦派酈生去遊說,希望他叛楚歸漢、棄暗投明。魏豹回答:「人生一世間,如白駒過隙。現在的漢王傲慢又無禮,對下屬,不論是諸侯還是大臣,好像對待奴僕一樣,都沒有起碼的上下禮節,跟著他,雖然有金錢、有美女、有官職,生活舒適,但沒有尊嚴,我不想見他。」一口回絕了。即使以後被劉邦軍隊戰敗所殺,亦不後悔。

田家是齊國的王室,在秦末的群雄戰爭中,田儋起兵稱王,復齊國,擁有一支獨立的武裝力量。後來,田儋被秦將章邯所殺。田儋的從弟田橫與田榮率其餘眾割據齊地抗秦。田榮死,田橫立田榮之子田廣為齊王,自為相國。如何爭取或消滅這支

尊嚴的重量

武裝，是有志統一全國的劉邦的重要目標。劉邦派了使者酈生來，大概是因酈生這個人口才了得，所以，一再做這種搖脣鼓舌的事情。酈生上次遊說魏豹勞而無功，這次還真的成功了！酈生說服齊國降漢，實現雙贏。齊國君臣相信他的話，放下了武器；但是，韓信在蒯通的慫恿下，背信棄義，乘齊國不備，發動突然襲擊，消滅了齊國的軍隊。齊王和田橫大怒，認為被酈生出賣，理所當然地烹殺了酈生。沒有了武裝，談判的籌碼也就失去了，後來，齊王田廣被韓信俘虜，齊相田橫不願投降，就自立為齊王，繼續抵抗漢王。劉邦在徹底消滅了各地勢力後，開始清算所有的帳。田橫知道自己不是漢軍的對手，就率領手下五百多人，離開大陸，逃到了黃海的一個海島上。

劉邦認為，這個田家，都是齊國的王室成員，是老貴族，很得民心，在齊國有很大的號召力，如果他不歸順大漢，對漢朝在齊地的統治，將是心腹之患。於是，劉邦派使者去島上，赦免了田橫的過錯，並要他到首都見面。田橫對漢使說：「我將漢王的使者酈生烹殺了，聽說酈生的弟弟酈商現在是漢將，很受重用，我怕他報仇，所以不敢聽從皇帝的召喚，只希望皇帝讓我當一個平民百姓，一世都生活在這個小島上。」

劉邦聽了使者的匯報，當然不同意，他立即下一道詔書給酈商：「齊王田橫馬上就要來見我，任何人敢動他一根毫毛，滅族！」然後，劉邦要使者再帶著這道詔書來見田橫，並告訴他：「你放心來吧！大的，我將封你為王；小的，至少也會封侯。不

來,我將派兵消滅。」田橫於是和兩個侍從一起,坐著朝廷的專車,去洛陽見劉邦。

到了屍鄉的政府驛站,離洛陽還有三十里,田橫對漢使說:「人臣見天子應當沐浴,以示尊重。」於是停了下來。田橫對兩個侍從說:「當年我和漢王劉邦都是南面稱王道孤的人,現在,漢王當了天子,而我卻要以一個失敗者向他北面稱臣,這個恥辱,對我已經夠大了。以前我將酈生烹殺,現在又要和酈生的弟弟並肩侍奉同一個主子,即使酈商畏懼皇帝的詔書不敢動我,我心中能無愧嗎?皇帝想見我,不過是想見我的容貌罷了。現在皇帝在洛陽,我砍下頭顱,快馬跑三十里送去,估計容顏不會改變。」於是田橫拔劍自殺,侍從將他的頭顱捧給使者,使者遵命、快馬加鞭地送到劉邦面前。劉邦見了田橫的頭顱,感慨萬千:「這個田橫,了不起!從布衣起家,三兄弟相繼為齊王,真是個賢能之士。」不禁為之唏噓落淚。於是封他的兩個侍從為都尉,派兩千名士兵去挖墓,以王者的禮儀埋葬了田橫。

葬禮既畢,兩個都尉在田橫的墓地邊挖了兩個小洞,一起自殺,表示要跟從原主人。劉邦聽到這個消息,非常震驚,覺得田橫的人都如此了不起,心中更不放心:「聽說他們還有五百人在海島上呢!」於是,又派使者去島上,叫他們都來首都。島上的人聽到田橫已死、侍從也死的消息,都不願去做漢帝的臣民,全都在島上自殺了。

這個島,現在叫田橫島,總面積不到兩平方公里,距青島

尊嚴的重量

碼頭僅六十八公里。據說上面有不少紀念田橫和五百士的建築和雕塑。徐悲鴻也曾以此為題材作過油畫，名叫〈田橫五百士〉，這幅布面油畫長349公分、寬197公分，1930年完成，畫面選取田橫與五百壯士訣別的場面，畫面宏大，氣氛悲壯且凝重。在徐悲鴻的眾多油畫作品中，這一幅我最喜歡。

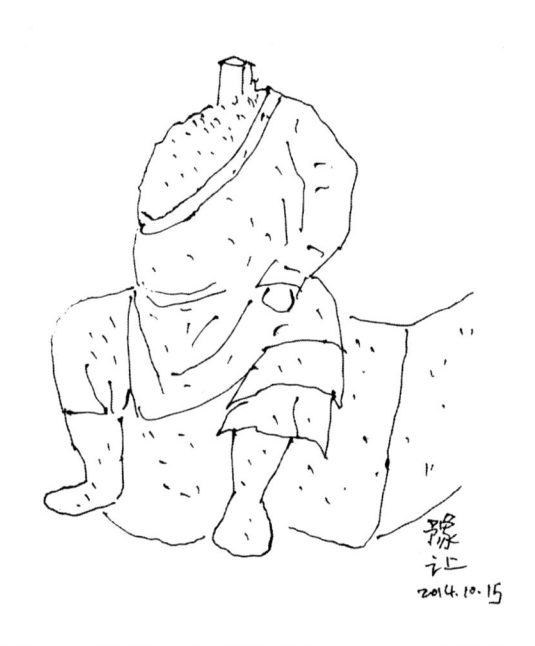

我們以前一直批評古人「刑不上大夫」，這固然有法律面前並未人人平等的特權，但更多的是，先人對那些社會的上層人物，有更高的、對尊嚴的要求，即要求他們自己解決，不要弄到法庭上接受審判，再拉到大街上行刑，畢竟這有失體面。所以，才有了「君子不受嗟來之食」的傳統，才有了李廣老將軍

寧可自殺，也不肯去受「刀筆吏」侮辱的壯烈。在魏豹、田橫和他的五百士、李廣等人的心中，身為人，尊嚴當然比生命更重要。這也是人和動物的主要差別。

漢文帝劉恆在位時，他的舅舅薄昭酒後殺了皇帝的使者，這是不可寬恕的死罪。但是，薄昭的身分非常特殊，為了保護皇家的尊嚴，皇帝派大臣們去舅舅家喝酒，並趁機勸他自殺。但這個老國舅臉皮厚，不願意。皇帝只好又派這些大臣們去舅舅家，但這次去不再是喝酒，而是穿著喪服去哭喪了。國舅沒辦法，只好自殺。

能夠給予人尊嚴的時代，真的讓人嚮往。所以，漢代以前的士大夫，多頂天立地的英雄。等到君王可以隨便將大臣在廟堂上脫褲子打板子、官員們要靠不斷地寫檢討書、自汙自辱以自保，和「不詔諛必死」的專制時代，我們想再找一個有尊嚴的人，還真的要白天打燈籠了。

你把生命獻給誰

　　你把生命獻給誰？其實並不是每個人會經常遇到的問題。畢竟，作為必須回答的問題，一生中也不會太多。如果探究起來，不但有一個奉獻對象的問題，還得有一個大前提，就是你有沒有自由支配自己生命的權利，得「我的生命我作主」才行。一個奴隸，肯定無法決定自己的生命獻給誰，因為這是奴隸主人的事情。越國當年在勾踐領導下，曾經以弱勝強，打敗了吳國。他的殺手鐧之一，是心理恐怖戰術，在兩軍對壘決戰之際，派出三百人組成的方陣，列隊於吳軍之前，亮出武器，齊聲吶喊：「我們有罪，以死殉國。」然後三百人整齊地以刀抹脖子自殺。這三百人一起流血倒地的血腥恐怖場面，把吳軍全部嚇呆、嚇傻了。越軍乘機進攻，果然得手。

　　這三百個越兵的生命，真真切切地獻給了勾踐。至於是自願還是被迫，只有閻羅王才能知道。

　　同樣是士兵，有的人獻出自己的生命，肯定是自願的。

　　魏文侯時，出身衛國的著名軍事家吳起，身為引進的人才，擔任魏國的「三軍總司令」。如果今天他還活著，也有兩千四百多歲了。儘管他是高官，但他與士卒同甘共苦，一直堅持實行

與士兵同吃、同住、同打仗的「三同」，沒有一點架子。有一次，某個士兵生了疽，痛得直哭，吳起毫不猶豫地用嘴巴將他膿包裡的膿汁吸出，士兵很快就恢復了健康。士兵的母親聽到這個消息，悲傷地哭泣。別人無法理解，認為妳兒子是無名小卒，大元帥居然親自為他吮疽，這是多麼罕見的榮譽，為什麼反而哭泣？母親說：「將軍替我兒子吮疽，並非我家庭之福。以前，孩子的父親在吳司令的手下當兵，也生了疽，也是吳將軍為他吸吮治好的。後來，他打仗就非常勇敢，最後死在戰場上。現在吳將軍替我兒子吮疽，我就知道兒子又要戰死在戰場了，所以我痛哭。」

後來，這個兒子怎麼樣，我們不知道，他只是一個小人物，《史記》裡沒有寫。按照他母親的估計，只有戰死沙場的可能。他的生命，卻是真心實意地獻給吳起將軍的。

當然，也有非常主動獻身的人。

聶政是一個士人，以勇氣著稱。因為殺人避仇，與母親、姐姐一起來到齊國，隱居於市井，靠當屠夫謀生。有一天，忽然一個大人物來拜訪。聶政怕有麻煩，避而不見。大人物來了數次，終於見到了聶政。大人物叫嚴仲子，自帶酒菜，斟酒舉杯，頻頻為聶政的母親祝壽致敬，並向聶母敬獻黃金百鎰，作為晉見之禮。聶政驚異於他的厚禮，堅辭不受：「我聶政上有老母，家也貧窮，現在客居在這裡，以屠狗宰牛為業，主要是為了侍奉老母。我雖收入微薄，養家餬口也足夠。您的厚禮，我

不敢當。」嚴仲子屏退左右，坦誠地對聶政說：「我有一個仇人，是王侯級的大人物。我避仇到齊國，私下聽說您品行高潔，勇氣過人，十分仰慕。送您母親一點薄禮，是希望能給您生活一點幫助，能夠與您結交來往，並沒有別的什麼企圖。」聶政說：「我之所以降志辱身地做屠夫，是要供養老母。只要母親還健在，我就不會收受他人的任何禮物，也不會答應他人的任何請求。」嚴仲子一再懇求他收下，聶政卻依然不肯。最後，兩人盡賓主之禮而散。

幾年後，聶政的母親去世。安葬了母親，除去了孝服，聶政說：「我只是一個市井小人物，嚴仲子以卿相之尊，不惜折節屈尊相交。初次相見，即以千金重禮相敬。我雖然沒接受，但是，他的盛意我是明白的，他是知我者。一個賢者為了報仇雪恨，而來親近一個地位卑微的人，我聶政心中難道不明白嗎？上次之所以沒有答應他，是因為老母在堂。現在老母以天年去世，我已沒有後顧之憂，當是報答知己的時候了。」

於是，聶政西入濮陽找到嚴仲子，對他說：「那次我無法答應您，是因為老母在。現在她已去世，我也無所牽累。您要我做什麼，儘管吩咐吧！」嚴仲子說：「我的仇人是韓相俠累，俠累是韓王的叔父，家族勢力強大，我一直想刺殺他，都無法成功。現在您能認我這個朋友，願意幫我做這件事，我非常高興。我將馬上組織一批高手，協助您辦事。」聶政說：「刺殺俠累，人多沒用，萬一失手，容易洩密，會知道您是主謀，整個

韓國將與您為敵，這怎麼行！」聶政謝絕了嚴仲子的好意，一個人仗劍獨行入韓。

來到韓國相府，聶政望見俠累端坐堂上，侍衛森嚴。武功高超的聶政持劍飛奔堂上，以迅雷不及掩耳之勢，一劍刺死了俠累。左右頓時大亂。聶政一聲大吼，乘機又刺殺了幾十人，但是在衛兵的重重包圍中，他已無法脫身。為了不連累嚴仲子，他以劍劃破自己的臉皮、刺瞎自己的眼睛，再剖腹出腸自殺。

聶政這個勇士，為了一酬對方的厚待，義無反顧地當了恐怖分子。他把自己的生命，獻給了自己認為的知己。

春秋到戰國的歷史，是人們不斷自覺自醒的歷史。「你把生命獻給誰」，也成為士人們不斷自我叩問的莊嚴話題。獻給上天、君王？獻給權力、榮譽？獻給家族、知己？還是獻給自己？各人有各人的選擇。莊子的回答是：「還是留給自己吧！」

楚王請莊子當丞相，希望他把生命獻給君王神聖偉大的「天下」、「蒼生」事業，他的回答是：「不」。他認為，與其做一具供奉於廟堂、享受尊榮的龜骨，不如當一個自由地生活於泥淖中的生命。

莊子對來聘的楚使說：「往矣！吾將曳尾於塗中。」

莊子，你是個遠古的現代人，真了不起！

假如滄浪之水乾涸

　　楚國是個了不起的王國。它是華夏民族的後起之秀，卻出手不凡。我們回望遠古的藝術，楚國的繪畫、音樂、雕刻、漆器等，都非常瑰麗神祕，洋溢著浪漫與深邃的生命熱情。而且楚地出的人才，如老子、莊子、屈原等，都是中華文化史，乃至人類文化史上不可或缺的鉅子。

　　說起楚國，總會想起那首早在春秋時期就傳唱的楚歌〈滄浪歌〉：「滄浪之水清兮，可以濯我纓；滄水之水濁兮，可以濯我足。」它優美的旋律，早就跨越了楚國的疆界，傳遍了中華大地。遠在魯國、精通音樂的孔子，對這首歌十分喜歡，他一邊教歌，一邊對學生說：「小子聽之！清斯濯纓，濁斯濯足矣，自取之也。」

　　這首〈滄浪歌〉，讓我想起不同時代的兩個楚人：伍子胥與屈原。滄浪之水可清可濁，但是，如果滄浪之水有了第三種狀態──乾涸了，你何以自處？這兩個楚人，為我們提供了不同的答案。

　　兩人相比，屈原的名聲更大。屈原是戰國時期楚國的政治家，也是中國最偉大的浪漫主義詩人，生活的年代比伍子胥遲

兩百多年，他是楚國的貴族。屈原大約生於西元前 340 年，曾任三閭大夫、左徒，兼管內政外交大事，主張對內舉賢任能，修明法度，對外聯齊抗秦。後遭同僚排擠，被楚懷王放於沅、湘流域。流放中，屈原看到國土日益淪喪，滿懷憂憤，遂將滿腔的忠君愛國之情，傾注於詩歌的創作中，他的〈離騷〉和〈九歌〉，是人類詩歌史上難以踰越的高峰。

西元前 278 年，秦將白起攻破楚國首都郢，流放中的屈原，悲憤難當，就在長沙附近的汨羅江，懷石跳水自殺。後人為了紀念屈原，將每年的農曆五月初五定為端午節。

當年司馬遷說，讀了屈原的〈離騷〉、〈天問〉、〈招魂〉、〈哀郢〉，深深地被他的志節所感動。到了長沙，在汨羅江畔看了屈原自沉的地方，想到屈原一生的為人，禁不住熱淚長流。等到讀了賈誼的〈弔屈原賦〉，又責怪起屈原來，像他這樣有才幹的人，如果去遊說諸侯，哪個國家不可以容身呢？何必讓自己走上一條不歸路？可是讀了〈鳥賦〉，明白了生和死本來就一樣，去和留都無所謂，突然覺得一身輕鬆，看來責怪他是錯了。

另一個楚人伍子胥（？～西元前 484 年），是春秋時期吳國的著名政治家，他的名氣不如屈原大，但是，他的經歷卻比屈原更加曲折。

伍子胥原是楚國的官員第二代，其父伍奢為楚平王太子建的太傅。這個楚平王，比屈原的頂頭上司楚懷王早十任。如果平安無事，楚平王死後，他的太子建會接班，身為太子太傅的

兒子，弄個顯官當，應該沒有問題。

太子成年了，楚平王替他訂了一門親，是秦國的公主。當年各國王室之間都相互通婚，是一種加強連結的方式。受命去接親的人，是太子建的親信費無忌。當新娘進入楚國後，無恥的費無忌竟然先跑去對楚平王說：「新娘太美了。不如大王您自己娶她，幫太子換一個。」這樣混帳的主意，楚平王居然同意了。後來，和秦女生了兒子熊珍。

西汉
陶俑

2014.11.6 上海
博物館

費無忌做了壞事，怕太子即位後報復，就天天在楚平王面前進讒言，終於讓平王決心殺了太子建和他的師傅伍奢，打算讓小兒子熊珍當接班人。受命去殺太子建的人良心未泯，先告知太子，讓他逃了命，伍奢則被抓了起來。費無忌知道伍奢

的兩個兒子很厲害,動員楚王斬草除根。楚王就派出使者對伍尚、伍員(伍子胥)兄弟說:「你們的父親被關起來了,楚王叫你們去。去了,就放了你父親;不去,就殺了他。」什麼叫飛來橫禍?這就是!

伍子胥說:「我們去或不去,父親都會被殺。我不去!」他哥哥去了,最後伍奢、伍尚父子被楚平王殺害。伍子胥經歷千難萬險,九死一生地逃到吳國。為了復仇雪恨,雄才大略的伍子胥先幫助吳公子光成為吳王闔閭,建立了強盛的吳國,並深得吳王闔閭的信任。最早的蘇州城,就是伍子胥規劃建設的。

當年伍子胥逃離楚國時,曾對他的朋友申包胥發誓說:「我一定要滅掉楚國,以解心頭之恨。」為了替伍子胥報仇,西元前506年,即伍子胥父兄被害十六年後,吳王闔閭親自和伍子胥、軍事家孫武率領強大的吳軍,攻下楚國都城郢,楚平王和秦女所生的兒子熊珍(即楚昭王)出逃。當年的仇人楚平王已死十年,懷著刻骨仇恨的伍子胥,於是掘楚平王之墓,鞭屍三百,以報殺父兄之仇。

讀《史記》,我一直能從行文之間看到司馬遷的喜怒哀樂。他對屈原和伍子胥兩人,非常欣賞,甚至引以為知己。他稱伍子胥為「烈丈夫」,他認為,假如伍子胥追隨父兄一起赴死,他的生命就和螻蟻沒什麼差別。但是,伍子胥不顧小節,終為父兄報仇,洗刷了羞辱,留名於後世,讓人讚嘆!事實上,如果沒有司馬遷充滿深情的記載,我們誰知道伍子胥?

假如滄浪之水乾涸

為什麼司馬遷對這兩個楚人如此鍾愛？因為他們代表了兩種人生的精神。

當滄浪之水清澈時，濯纓。渾濁，還可以，可濯足。但是，當滄浪之水變成了泥漿，或全部乾涸，僅有一個滄浪之名了，你如果還想濯纓、濯足，不就是自赴泥沼以求死嗎？

屈原被流放，依然心懷國家，因為楚懷王和襄王還有底線，滄浪之水儘管渾濁了，還能夠流動，所以屈原值得為自己的國家獻出生命。而在伍子胥生活的時代，楚平王沒有了人的底線：娶兒媳、殺太子、害忠良，這一條滄浪之水，已經乾涸了，如果你還想濯纓、濯足，豈非笑話？孟子說人獸之別「幾希」。而在楚國，楚王已經跟禽獸一樣了，如果伍子胥還以「忠臣、孝子」的名義去送死，還有什麼意義？

地方戲曲是真正的社會教科書，在大部分人是文盲的古代，它一直承擔著社會教化的功能，民眾也以戲曲來表達自己的樸素愛憎。關於伍子胥的戲文各地都有，全部都是正面形象，從沒有人說，他是一個叛國者、一個以下犯上的逆臣，舞臺上的伍子胥，從沒有白鼻子，都是紅面黑鬚的忠臣烈士。因為在民眾心目中，只有人的國，才值得自己犧牲；而一個禽獸之國，滅之何妨？

個人的戰爭

　　孟子說春秋無義戰，這的確沒錯。從嚴格意義上來說，當時周天子分封所建的王國，都是周王室的成員，是這個總公司下的分公司，有了糾紛，完全可以透過周王室的協調，以和平的方式解決。從個人關係來說，這些諸侯王國的王們，不是堂親、表親、姻親，就是祖上是同僚、朋友，非親即故，完全可以透過非暴力方式解決爭端；但事實上，各國之間，似乎都沒有協商談判的傳統，只相信兵器的硬度和士兵皮膚的厚度，和平的時間反而不多。戰爭的起因，不過是爭資源、土地、權力，甚至是一個女人。但是，有一場戰爭中的戰爭，最富戲劇性，我一直無以名之，想來想去，還是用「個人的戰爭」來說更合適。

　　那是西元前 607 年，也是在一個春天，鄭國因為盟主楚國的要求，去攻擊宋國。宋文公剛執政四年，他派出華元和樂呂兩位將軍去抵抗。這個華元，在本文中是個丑角，但在歷史上，卻是個有作為的人物，他曾歷昭公、文公、共公、平公四君，是宋國的棟梁。

　　以前打仗，重型武器是馬拉的兵車，將軍當然也在兵車上指揮。每輛兵車都有自己的御者，俗稱馬夫，現代稱駕駛，宋

軍總司令華元的駕駛叫羊斟。春秋時期的戰爭很講究君子的方式，大戰以前，雙方約定時間、地點，然後開打，有點像千年以後西方的決鬥。

因為第二天要決戰了，宋軍司令華元這天晚上殺羊犒勞全軍將士。不知華元是有意還是無意，身為兵車駕駛的羊斟，居然沒有分到一碗羊肉湯。聞著肉香的羊斟，只能啃又冷又硬的窩窩頭（一種用玉米或高粱製成的麵食），聽著同袍們唱歌喝酒，心裡當然不痛快，就向華元說：「我明天也要去打仗，為什麼他們有羊肉吃，而我沒有？」華元說：「羊肉不多，你只是一個駕駛，所以沒有。吃肉的事，我說了算！」羊斟非常生氣，但也沒說什麼。也許一個晚上沒睡覺，也許早就想好了主意，安然大睡了。

次日清晨，宋、鄭兩軍來到了約定地點，各自排好戰陣，戰鼓咚咚地敲起來，即將開戰。然而，意想不到的事情發生了！排在宋軍前列的總司令華元的戰車，在四匹馬的拉動下，突然旋風般地向對方而去，華元司令一時間還沒回過神來，他的御者羊斟已將戰車開到鄭軍的陣中，讓鄭軍甕中捉鱉。羊斟得意地對華元說：「華司令，昨天吃肉的事，你說了算；今天開車的事，我說了算！」司令被俘，宋軍立即亂了陣腳，鄭軍乘機發動攻擊，宋軍大敗，副司令樂呂也當了俘虜。這次戰鬥，宋軍死了一百人，被俘二百五十人，損失戰車四百六十輛。而且特別窩囊的是，這場戰爭是被自己人打敗的，叛徒還是總司令

的駕駛。

宋軍敗了。鄭國提出贖回司令官華元的條件：兵車一百輛，戰馬四百匹。宋國只好答應；但當五十輛兵車、兩百匹馬送出之後，華元已從俘虜營逃回來了。華元回到國內，請人向君王通報：「我回來了。」接待他的是叔牂。叔牂問：「老兄的馬怎麼會在戰場上出問題？」華元低頭答道：「不是馬有問題，是我的駕駛出了問題。」

如果評選世界上最窩囊的戰爭，這一場作為候選者，應該沒問題。

《左傳》的作者對此事恨聲不絕，還引用《詩經》中「人之無良」句，認為羊斟以私害公，是「無良」人的代表。當代作家余秋雨，也將羊斟視為「小人」而嚴加譴責。這些說法都很有道理，因為他們的預設前提是，在個人利益與國家利益之間，個人利益必須服從國家利益。在上級與下級有糾紛的情況下，下級必須服從上級；但是，如果我們站在羊斟的立場，把羊斟視為與司令官一樣的「人」去衡量，也許會有另一種感受。

—— 身為一個軍中最重要戰車的駕駛，是理所當然的戰鬥人員，在大戰前夕的戰士聚餐中，居然分不到一碗羊肉湯，心裡會好受嗎？這不是有沒有羊肉吃的問題，而是戰士與戰士之間，還有沒有平等的問題。

—— 不平則鳴。羊斟向司令官反映，希望得到糾正。但是，身為司令官的華元明確告訴他：「你沒有羊肉，不是廚師的

個人的戰爭

失誤,而是我安排的,因為我說了算!」羊斟面對華元的訓斥,還有一個戰士的尊嚴嗎?如果說,原先的失落,只是有點不高興,而現在的絕望,能產生的,就只有憤怒了。是可忍,孰不可忍。

不要說魏國的吳起將軍帶兵打仗,都是與最低階的士兵實現「三同」,就算一個不打仗的身邊工作人員,既然提出了想吃羊肉的要求,哪怕不符合條件,你把自己這份羊肉分一點給他,也不算過分吧?可惜的是,華元在這些選擇題中,每一項都選擇了錯誤答案。

身為社會成員,當然能力有大小,官位有高低,職位有差別,分工有不同;但是,身為人,尊嚴是一樣的。身為一個戰士,在戰場上生與死的機率也是一樣的。為什麼華元可以蠻不講理,而羊斟必須忍受?華元的敵人是鄭軍,對羊斟而言,他的敵人恰恰相反,是他的上司華元,因為對他的不公與不尊,都是華元造成的。羊斟的戰爭,不是國與國之間的戰爭,而是一個「人」的戰爭,是為了捍衛自己尊嚴的戰爭,也是小人物對抗特權的戰爭。既然華元可以倚仗自己的職權,不給羊斟羊肉吃,羊斟同樣也可以憑藉自己開車的職權,讓耀武揚威的司令官當一回階下囚,這不是很公平嗎?

羊斟贏了,他讓自己尊嚴的褫奪者也失去了尊嚴:三軍司令,居然當了俘虜。

但是，羊斟的這場戰爭，最後變成了一個人挑戰所有社會倫理和道德的戰爭，在歷史和評論中，羊斟輸了，他一直有壞名聲。

羊斟的最後結局，無論是《史記》還是《左傳》，都沒有記載；但是，羊斟這場個人的尊嚴保衛戰，也許會讓那些擁有特權的人明白：不論大人或小人，除了大小之外，最後都是一個人。任何人的尊嚴，彼此並無差別；同時，也讓強者別太得意，因為強弱之間，轉換也是容易的。

信用的價值

　　守信，是立人與立國的根本。按照孔子的說法，一個國家，可以沒有軍隊、沒有糧食；但是，絕不能沒有信用。而身為一個領導者，更應言出必行，才能有威望。

　　曹劌是魯國的將軍，在《史記》的〈刺客列傳〉中，有一個刺客叫曹沫，其實與曹劌是同一人。齊、魯是鄰國，常常打仗。在「曹劌論戰」中，「齊師敗績」，而在更多的時候，是魯師敗績。因為打仗，就是比實力：人力、物力、智力。魯國是小國，文化發達，智力當然不差，但人力、物力畢竟有限，自然是輸多贏少。西元前681年，齊、魯之間又打了一仗，曹沫的魯軍喪師失地。不得已，魯莊公提出割遂邑之地求和，齊桓公同意。於是兩國元首在齊國的柯（今山東省聊城市陽穀縣阿城鎮）會盟，準備簽訂停戰協定。

　　正當齊、魯兩國元首準備簽訂盟約時，身為魯莊公隨員的曹沫，突然衝到齊桓公面前，將匕首頂在他的胸膛上。齊桓公的侍衛們一時毫無辦法。齊桓公戰戰兢兢地問：「您有什麼要求？」曹沫說：「齊強魯弱，齊國欺人太甚。魯國是齊國的鄰居，我們的牆倒了，也會壓到您的。您看著辦吧！」齊桓公說：

「齊國把所有在戰爭中得到的魯國領土全部歸還魯國，這樣行不行？」曹沫說：「好！」丟下匕首回到原位置，談笑自若。齊桓公待曹沫一走，大怒，說剛才說的話不算數。齊相管仲說：「不行。您剛才當著這麼多人的面許下的諾言，必須兌現。如果貪小利而失信於諸侯，會失去道義的朋友。」於是齊國信守諾言，將歷次戰爭中獲得的魯地，一次性全部退還魯國，齊國也因此贏得了良好的聲譽。

後世的歷史評論家們一直有這樣的說法：「如果最後統一六國的是齊而不是秦，中華文明可能會更加輝煌，也會是另一種走向。」因為當時的戰國七雄中，以文化而論，齊國成就最高。這當然是一廂情願之言，因為對歷史事實，我們只能接受，無法假設。不過，從是否守信這一條看，秦國的確非常不夠格，與文明還相距甚遠，稱之為「虎狼之國」，並不算過分。

其實在周朝的早期，周天子分封的大小王國有一百多個，經過幾百年的打打殺殺，到了戰國時期，就只剩下秦、楚、齊、燕、韓、趙、魏七國了。七國之間，合縱與連橫、和平與戰爭不斷。秦與楚，都是大國與強國，所以兩國之間的關係變得非常微妙，也是一會兒和，一會兒戰。

楚懷王十六年（西元前 313 年），秦國想攻打齊國以擴張領土，但是，齊國和楚國是盟友，兩國聯手，秦國無獲勝可能。於是，秦王派張儀去遊說楚王：「只要你楚國與齊國斷交，我秦國就割富庶的商於之地『六百里』給楚國。」楚懷王貪利，不顧

信用的價值

陳軫等大臣的反對，與齊國絕了交。秦國大喜。但是，當楚王派人去受地時，得到的回覆是「六里」。楚王大怒，與秦戰，結果，因為沒了盟友，所以楚國一敗而再敗。

楚懷王二十八年（西元前301年）以後，在與秦國的對抗中，楚國不斷喪師失地，領土日益縮小，內外交困。懷王三十年（西元前299年），秦昭王寫信給楚王說：「我們曾經都是好兄弟，這樣打來打去也沒什麼意思。請您來我的武關見見面，結成盟友，以後世世代代友好下去，這不是很好嗎？」楚王很為難。去，秦人不守信是出了名的，肯定會有風險；不去，又怕得罪秦國，引來大軍。屈原等人也勸他不要去。但是，楚懷王為了楚國利益，決定冒一次險，去和秦昭王見面。

懷王的車馬一進入秦地，就被秦軍當成了俘虜，根本不以君王之禮相待。秦昭王要楚國先割巫、黔兩郡給秦，才答應結盟。楚王堅持先結盟再割地。於是，秦王就將楚王軟禁在秦國。後來，楚國為了國家利益，另立太子熊橫為楚頃襄王。楚懷王曾經逃離過秦國，後又被秦國捉回，最後，一國元首的他，三年後（西元前297年）以秦國的囚徒，客死於秦國。秦作為一個國家，如此背信棄義，世所罕見。所以，當楚懷王的靈柩回到楚國時，舉國悲痛，楚人如自己的親人死了一般。對秦人，楚人恨之入骨，發下了重誓：「楚雖三戶，亡秦必楚！」

從某個歷史的片段來看，違背文明規則可能會獲得一時的好處；但是，從長遠的歷史考察，那些倒行逆施者，都不會久

遠。虎狼之國的秦，崇尚暴力而背信棄義，儘管最後統一了中國，但國祚僅僅只有十四年，二世而亡，而所有的皇室成員，一個都沒有留下命來。

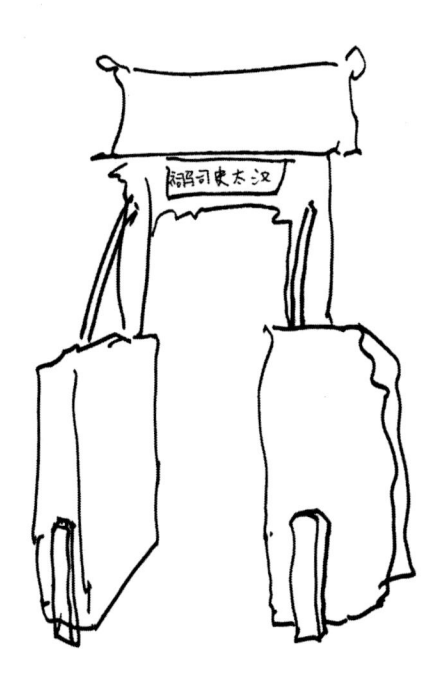

秦滅六國，楚國最冤。滅秦者，也是楚人。第一個揭竿而起的陳勝是楚人，他以「張楚」為國號；繼之而起的項梁、項羽，皆世世代代為楚將，舉事之初，立冤死於秦國的楚懷王的後人熊心為王，以之為號幟，立刻得到楚人的擁護，使自己的力量得以迅速壯大。後來建立漢朝政權的劉邦，也是楚人。

在決定秦王朝命運的鉅鹿之戰中，為什麼項羽的六萬楚軍，

信用的價值

面對秦國章邯、王離五十多萬人的虎狼之師，能夠破釜沉舟，最後獲得勝利，因為他們是楚人，他們的復仇之火最強烈。

項羽後來在與劉邦爭霸戰中的失敗，其中非常重要的原因，是項羽不守信，失去了道義。當年為了號召楚人，他和叔父項梁在西元前208年立了楚懷王的孫子為王，第三年，又尊他為義帝；但是，到了第四年的十月，卻將義帝在江中殺掉了。劉邦乘機為義帝發喪，遍告諸侯：「天下共立義帝，北面事之，今項羽放殺義帝於江南，大逆無道。」到後來的垓下之戰中，項羽也聽到了熟悉的楚歌，但是這些四面包圍的歌者，都是自己的敵人了。

世界上，所有的付出都會有回報：付出實惠，獲得恩情；付出仇恨，獲得報復。將這個鐵律證諸古今，概莫能外。而一個言而無信的人，將會失去所有的朋友，留下的，只有敵人。信用的價值，也就是人的價值。

勇於失敗的英雄

　　《三國演義》、《水滸傳》都看過很多遍，老實說，看不出有什麼英雄氣，多的是流氓氣。看《史記》，倒是看到沛然而至的英雄氣，讓人感覺到人的尊嚴和偉岸。身為一個士，孟子可以不買君王的帳，在兩人的會見中，孟子可以對君王說：「喂！你走過來。」

　　莊子可以對宰相的聘書嘲笑一番。因為在他們眼裡，你一個君王所擁有的權力，在我眼裡並無多少價值；而我所擁有的智慧，卻是你君王所沒有的，我們之間是平等的，身為一介布衣，我照樣可以傲視王侯。而在《三國演義》與《水滸傳》中，追求權力卻成為所有人奮鬥的目標。

　　為什麼春秋戰國以後的精神反而越萎靡？為什麼士氣從春秋戰國之後每況愈下？貴族精神的逐步流失，肯定是一個重要原因。

　　什麼叫貴族精神？的確也是眾說紛紜。但是，我認為，有一條是必須的，那就是心中有自律的底線、行動有嚴格的規矩，他們可以不計成敗得失，自覺地堅守心中的底線和規矩，並以此為榮。

勇於失敗的英雄

春秋戰國四、五百年的戰爭歷史，就是貴族精神逐步消失的過程。眾多的戰爭，使兵法異常發達。兵法的精髓是什麼？就是為了實現目標，可以不擇手段。無論是孫子、司馬氏、吳子、孫臏兵法，還是之後出現的「三十六計」，兵法的所有法則，概而言之就是兩個字——騙人。如果說，在戰爭狀態下，騙人尚且勉強可以理解，那和平年代還以不守規矩和說謊為榮時，道德上就沒有了底線。

從《史記》中，我們還能看到貴族精神的一些風采，也可以看到最後一抹貴族精神的晚霞是如何消失的。周天子分封的宋，是「亡國之餘」，他們是殷商後裔。宋人堅守其原有的禮制和宗教，在文化上有自己的驕傲，所以在整個中原地區，顯得有點另類，在許多當時的著作中，宋人都是迂闊的象徵。「守株待兔」、「揠苗助長」等貶義的成語，寫的都是宋人。堅持講「禮」的孔子，也是宋國後人。

西元前638年，宋、楚兩國爭奪中原霸權，宋襄公為了削弱楚國的力量，出兵攻打楚國的盟友鄭國，楚國就攻宋救鄭。於是宋、楚爆發了「泓水之戰」。

十一月初一，楚軍進抵泓水南岸時，宋軍已占領了有利之地，在泓水北岸列陣待敵。

當楚軍開始渡河時，右司馬公孫固向宋襄公建議：「彼眾我寡，可半渡而擊。」宋襄公拒絕同意，認為仁義之師「不推人於險，不迫人於阨」。楚軍渡河後開始列陣，公孫固請宋襄公乘楚

軍列陣混亂、立足未穩之際發起進攻。宋襄公又不允許：「不鼓不成列。」

直待楚軍列陣完畢後，方下令擊鼓進攻。但由於實力懸殊，宋軍大敗。宋襄公的衛隊全部被殲，宋襄公的大腿也受了重傷。

面對失敗，國人皆怨襄公。但宋襄公並未覺得自己有錯，他說：「古之為軍，臨大事不忘大禮」，「君子不重傷（不再次傷害受傷的敵人）、不擒二毛（不捉拿頭髮花白的敵軍老兵）、不以阻隘（不阻敵人於險隘中獲勝）、不鼓不成列（不主動攻擊尚未列好陣的敵人）」，自己遵守規矩行事，勝負乃是天意，身為元首，自己並無不當。

泓水之戰後，楚國在中原的擴張已無阻力。在其後數年間，楚國勢力一度達到黃河以北，直到晉、楚城濮之戰後，楚國的擴張情勢才得到遏制。宋國在泓水之戰後，從曾經的春秋五霸之一，淪為二流國家。

正如成書於漢代的《淮南子》所說：「古之伐國，不殺黃口，不獲二毛，於古為義，於今為笑，古之所以為榮者，今之所以為辱也。」泓水之戰象徵著自商、周以來以「成列而鼓」為主的「禮義之兵」退出歷史舞臺，以「詭詐奇謀」為主導的作戰方式，出現在中華大地。

西元前637年5月，在病床上掙扎了半年之後，宋襄公在悲愴中死去。身為一個貴族精神的象徵，消失在歷史的深處。

勇於失敗的英雄

　　泓水之戰後，偷襲、誘騙變成戰爭的常態，以水淹城、圍困全城、餓死百姓、驅婦女上戰場、掘敵方墳墓等殃及無辜民眾的戰事，也頻頻出現，成千成萬地殺俘也變得不稀奇，原先宋襄公所堅持的道義與規矩，已逐漸成為遙遠的回憶。一個世界變成如此的模樣，是社會共同選擇的結果。

　　從善如登，從惡如崩。一種文明，建立難，破壞易。以秦滅六國而言，是野蠻戰勝了文明。以楚漢相爭而論，是流氓戰勝了貴族。從人的精神來說，漢以後的文明，並沒有逐步進化，而是相反。

　　宋襄公是勇於失敗的英雄，行為有點像一千多年後西方的騎士唐吉訶德。在西方，唐吉訶德為人所尊重，認為他雖敗猶榮。而在東方，只講結果，不論手段、方式，所以，對宋襄公的評價，越往後越低，常常被嘲笑。到了20世紀前半葉，還被一個大人物稱之為「蠢豬」，恐怕是所有評價中最差的了。真是夏蟲不可以語冰。只是，整個社會都聰明過了頭，當所有的「蠢豬」消失之後，我們才忽然發現，所有人也都變成了只講吃喝拉撒而不講尊嚴的蠢豬了。這真是一個歷史的悖論。

　　秦統一六國後，春秋時期的貴族精神，也從歷史舞臺上消失了。留下的，也只有個別人的堅守與抗爭，往往也得不到社會與大眾的認同，變成了個人自撞南牆式的殉道。

司馬遷不愧是一個偉大的史學家,他的目光穿透了歷史時空,不在一時一地的勝負上作評判,而是著眼於人類的文明發展。他在《史記》中對宋襄公的評價仍然是肯定的:「襄公之時,修行仁義,欲為盟主。其大夫正考父美之,故追道契、湯、高宗,殷所以興,作〈商頌〉。襄公既敗於泓,而君子或以為多,傷中國闕禮義,褒之也,宋襄之有禮讓也。」很明顯,司馬遷是認同宋襄公的。只是,司馬遷也死了兩千多年了。

編個鬼話騙天下

每一位統治者，都得斟酌自己的合法性。《史記》寫得最早的統治者，就是公孫軒轅，亦即黃帝。他的時代，距今有五千多年的時間。黃帝身為最高的統治者，是華夏文明的締造者。他之所以能當一號，是因為他是神之子，「生而神靈，弱而能言，幼而徇齊，長而敦敏，成而聰明」。所以，以他一人之力，統一了中華大地，建立了各種官制，對天地萬物都進行了教化和改造，讓東方的人類走出了蒙昧。黃帝又是一個全能的人，他幾乎發明了人類早期的所有東西：曆法、種植、房屋、紡織、車馬……等等，還「淳化鳥獸蟲蛾，旁羅日月星辰水波土石金玉」。我們去黃帝陵，聽導遊介紹，還會知道，黃帝是從橋山昇天的，因為他原本就是上帝的下派官員，到人間鍛鍊鍛鍊，功德圓滿之後，自然要回去的。

幸虧司馬遷是個老實人，他沒有渲染這些傳說，只是平實地記錄了當時人們傳說中關於黃帝的種種故事，沒有將他當作神來寫。但從黃帝所做之事來看，則非神莫屬；而人們對黃帝的崇敬，的確是發自內心的，司馬遷所到之處，都有關於黃帝創造新世界的稱頌。

從黃帝時代到秦朝一統，文明的歷史大約三千年。這三千年，也是一個統治者從神還原到人的歷史。商代夏、周代商，無一不用暴力。特別是春秋戰國的五百多年中，各個王國之間的兼併、內鬥不斷，兄弟之間、父子之間為了爭奪王位，暗殺、政變、內訌、陰謀不斷，原有的君權天授的淳厚傳說，也不太有人相信了，籠罩在君王頭頂上的神聖光環，早已蕩然無存。但是，在靠傳說記錄歷史的民間，君權神授的說法，還有相當的市場。秦王嬴政統一六國後，不滿足於稱王，很為自己的名號傷腦筋，認為自己功高蓋世，史無前例。最後，從三皇五帝中各取一字，組成了「皇帝」兩字。

　　秦始皇因為他父親本身就是秦王，所以，理直氣壯地當天下一號，他沒有必要去為自己營造一個神祕的出身。後來的漢皇帝劉邦，因為是流氓出身，靠打打殺殺奪得政權，所以他十分在乎自己的出身，就編造謊言，目的是讓人相信「劉邦不是人」。身為中國歷史上第一個平民皇帝，他的造神功夫很耐人尋味。

　　其一，劉邦的種子從哪裡來？從天上神龍那裡來。劉邦說自己的生父不是他名義上的父親，而是天上的蛟龍，且劉邦母親與蛟龍交合的場面，還是他名義上的父親所親見，當時風雨雷電交加，地動山搖，天昏地暗。真不知劉邦的老父親說這些話時，是什麼感受。

　　其二，劉邦是星宿下凡塵。劉邦因為私放刑徒逃亡，躲藏

編個鬼話騙天下

在蘆葦沼澤中。有一次,喝醉了酒,聽說前面路上有一條大蛇擋道,他趁著酒醉,壯膽前行,揮劍斬斷了大蛇,然後繼續趕路,最後醉倒在路邊。後來,一個人告訴劉邦,他在夜間經過劉邦斬蛇處,碰到一個老太太在痛哭。問為什麼哭,老太太說那條蛇是她的兒子,是天上的白帝,剛才被另一個赤帝殺死了。說完,老太太就不見了。劉邦非常高興,當然到處宣揚,跟從他的逃亡者對他開始有了畏懼之心。

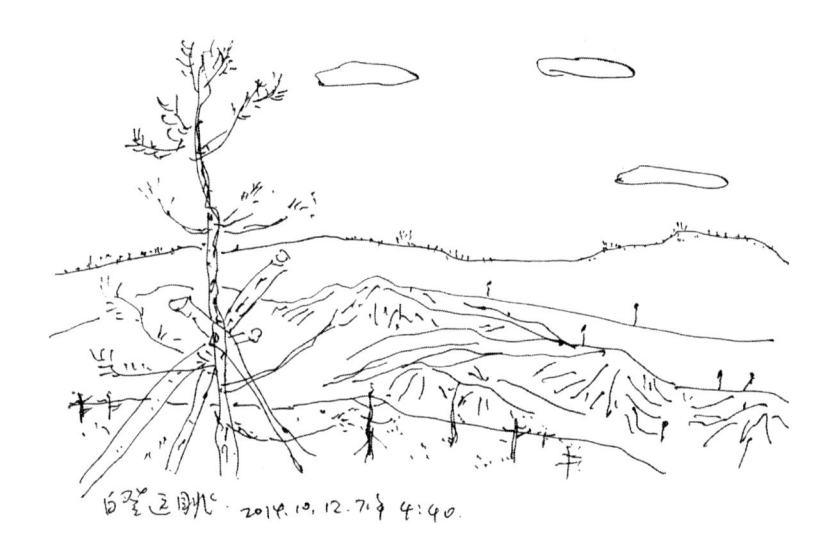

其三,劉邦頭上有天子氣。劉邦在逃亡期間,常常藏匿在芒、碭的山岩水澤之間,他老婆呂雉去送飯,都能找得到。劉邦問老婆為什麼都能找得到。呂雉說,因為劉邦頭頂上有一股雲氣,所以知道。這個消息到處流傳之後,自動跑來當土匪的

沛地小流氓就多了起來，造反力量得以迅速壯大。

我們如果冷靜地推敲這些故事，會發現一個明顯的特點，就是，除了赤帝斬蛇是「他人」說之外，這些故事都是劉邦自己的親人或自己說的，大部分沒有旁證，也無法有旁證；而那個告訴劉邦「白帝母親在哭」的「他人」，也不一定存在，因為「他」的故事也還是劉邦轉述的。所以，四處傳播以上神蹟的宣傳隊，都是劉邦本人和他的家人。

為什麼劉邦需要不厭其煩地說謊？因為他在造反的時候，需要人氣，需要民眾的支持。與項羽不同，項羽貴族出身，身世、地位顯赫，又有叔父的支持。劉邦的父親是農民，哥哥也是農夫，自己以前是個大話王，也沒有什麼可稱道的，除了編點神話故事哄哄人，他還有什麼可以吸引人，讓別人信任他、支持他、跟隨他去冒殺頭的風險？

登上皇帝寶座之後，劉邦更需要這些鬼話來昭示天下：我的執政，是天意所向，百姓同意或不同意都無所謂，反正這是老天爺的選擇，大家除了高呼萬歲，不能有逆天的想法。

中國各王朝的官修史書，在首任皇帝的投胎出生這件事上，基本上都複製劉邦的做法。按照書中的說法，那些帝王將相們，個個都生有異稟，都是天上星宿下凡塵。御用文人最用心寫的，也都是第一代皇帝的「神蹟」。不是「星宿入懷」、「紅光萬丈」，就是「異香盈室」。並不是他的後代們不重要，因為只要證明第一代不是人，是天之子，是龍種，第二代、第三代無非

編個鬼話騙天下

是天之孫和龍之孫，就有了坐龍椅的合法性。

這些鬼話，司馬遷並不相信，在他的筆下，劉邦根本沒有偉大神聖的影子。但是，還真有不少人相信呢！對中國近現代民間影響最大的書是《三國演義》和《水滸傳》，裡面寫的，依然都是這些破爛古董。袁世凱準備稱帝的時候，非常迷信於這一套。有一次，他午睡時，丫鬟不慎打碎了一個名貴的古董瓷碗，袁世凱大怒，準備責罰。這個聰明的丫鬟說剛才她進屋時，看到老爺床上盤著一條龍，受到驚嚇，所以才會打碎瓷碗。袁世凱聞言，回嗔作喜，非但不責罰她，還賞了她不少銀子作為「封口費」，事實上，那是宣傳廣告費。當然，聰明人並不信這套鬼話，在袁世凱稱帝後，照樣不買老天的帳，讓這條龍在戴上皇冠八十多天後就歸了天。

事實上，編造鬼話的劉邦本人，也根本就不相信這些鬼話。

在年老病重之時，劉邦也說自己「布衣」出身。神話的共同製造者——劉邦老婆呂雉，也不諱言劉邦本為「編戶民」。那一幫共同打天下的大臣，也知道這個老劉原本「細微」，並非龍種。可笑的是，兩千年之後的袁世凱，居然還相信龍種之類的鬼話，真是一蟹不如一蟹。

死是容易的

　　《史記‧趙世家》的故事大致如下：西元前 597 年，晉國分管司法的權臣屠岸賈陰謀除掉上卿趙朔，將軍韓厥認為此舉不仁不義，勸阻無效後，韓厥私下告訴了趙朔，勸他逃亡。趙朔說：「將軍您肯定不會讓趙氏滅亡，我身為大臣，個人安危無所畏懼。」韓厥答應，從此稱病不出。不久，屠岸賈沒有請示晉君，帶領手下的將軍們，進攻趙氏的封地下宮，將晉國最有權勢的趙氏一門趙朔、趙同、趙括、趙嬰齊等三百多人滅了族。

　　趙朔的妻子是晉成公的姐姐，王室成員，已經懷孕，躲藏在王宮裡，暫時逃過一劫。趙朔有個門客叫公孫杵臼，杵臼對趙朔的朋友程嬰說：「您怎麼沒有死掉？」程嬰說：「趙朔夫人快生孩子了，如果生兒子，我一生侍從他。如果生女兒，我再死也不遲。」

　　不久，趙妻生下兒子。屠岸賈聽到消息，馬上到宮中搜查。趙妻將兒子放於腳下裙內，向天祝道：「如果趙氏會滅亡，你哭；如果趙氏不滅，你別出聲。」屠岸賈來搜尋時，孩子沒有哭，才躲開了災難。一劫已過，程嬰跟公孫杵臼商量：「今天雖然沒搜到，難保下次不會再來搜尋。怎麼辦？」公孫杵臼說：「將孤

死是容易的

兒撫養長大和慷慨赴死,哪個更難?」程嬰說:「死容易,撫孤難。」公孫杵臼說:「趙氏待您深厚,難的事就讓您做吧!我去做簡單的,先去死。」於是,兩人商量著,到外面謀取了他人的一個嬰兒,穿上漂亮的衣服,故意藏匿到深山中。

安排停當後,程嬰跑出來,向屠岸賈的將軍們「告密」:「我程嬰沒出息,無法讓趙氏的孤兒成立。誰能給我千金,我就告訴誰嬰兒的下落。」將軍們大喜,同意給程嬰千金,然後派兵跟著程嬰,終於抓到公孫杵臼和嬰兒。公孫杵臼面對程嬰,破口大罵:「你這個背叛主人的無恥小人,以前在下宮之難中沒有死掉,與我一起藏匿趙氏孤兒,卻又出來告密。你無法幫助趙氏也就罷了,怎能忍心賣主求榮?」公孫杵臼抱著嬰兒呼喊:「老天啊!請開開眼吧!趙氏孤兒何罪,為什麼要殺他?請給孤兒一條活命吧!就殺我一個吧!」將軍們當然不同意,將公孫杵臼和嬰兒一起殺掉。屠岸賈非常高興,以為終於將趙氏一門斬草除根了,可以放心地獨攬大權。而真正的趙氏孤兒趙武,卻在程嬰的撫育下,躲藏在深山裡,茁壯成長。

十五年後,晉景公生病,占卜不吉,心中不安。召將軍韓厥問詢禳解之策,韓厥告訴他,肯定是因為趙氏有天大的冤屈,所以天降不祥。晉景公表示願意為趙氏平反昭雪。在韓厥將軍的幫助下,晉景公將趙武和程嬰帶到宮中藏匿,然後和韓厥在王宮會見當年屠殺趙氏的將軍們。將軍們說:「當年我們攻打下宮,是屠岸賈的命令;否則,我們誰敢動手?現在即使不是君

王生病求禳解,我們也想請求立趙氏後代。現在我們都聽君王的。」景公於是叫趙武、程嬰出來,與諸將軍見面,然後他們一起將屠岸賈一家滅了族。原有的趙氏封邑、官位,讓趙武重新繼承。

程嬰公孫杵臼墓

直到趙武行成人禮之後,程嬰就與朝中諸大夫一一告辭。他對趙武說:「當年下宮之難中,趙家主僕皆死。我非不能死,我只想立趙氏之後。現在您已成人了,趙氏也恢復了名爵,身為您爺爺的朋友,我的任務已經完成,我要去地下向您爺爺趙宣孟和朋友公孫杵臼回個話了。」趙武啼泣頓首固請:「我這一輩子都願意勞苦筋骨以報答您老人家至死,您忍心現在就棄我而去嗎?」程嬰說:「不是這樣。當年老朋友公孫杵臼覺得我能夠辦成撫孤成立的難事,所以他先我而死。現在我的使命已完

死是容易的

成,我如果不去說一下,他還以為我辦不成事呢!」於是,程嬰自殺。趙武為他服喪三年,為之祭邑,春秋祠之,世世勿絕。這個趙武,也就是後來趙國的先祖,趙襄子、趙武靈王、趙簡子等都是他的後代。

「趙氏孤兒」是一個忠義故事,流傳很廣,大江南北的各種民間戲劇,無論京劇、越劇、豫劇、川劇,幾乎都有這個劇目。程嬰和公孫杵臼為了報恩、為了伸張正義,不惜犧牲自己的生命、聲譽、前程。千古艱難唯一死,而為了保住小主人趙武,公孫杵臼甘願慷慨赴死。更難得的是程嬰,為了撫孤成立,不但得頂著賣主求榮的恥辱生存,還得負起趙武的生存與教育的重任。從趙武以後成為晉國正卿、大權在握、很有作為來看,程嬰的教育非常成功。的確如公孫杵臼所言,相比於程嬰所做的這一切,死還真是容易的。讓人更感到程嬰人格偉大和道義力量的,是他在功成名就、可以坐享清福之時,依然不忘當年承諾,視榮華富貴如浮雲,甘願以死酬報當年的朋友於地下。這種壯舉,即使再過三千年,依然是人類精神的永恆光輝。

兩千四百九十五年之後,戊戌變法失敗,譚嗣同選擇慷慨赴死,因為他相信,各國變法無不從流血開始,他願意以自己的鮮血警醒國民。梁啟超則選擇逃亡日本,以繼續謀求國家的強盛之路。從現在看,譚嗣同的任務已完成,而梁啟超艱難困苦地奮鬥一生,至死也未看到國家興盛的曙光,與後人相比,程嬰還真是幸運兒。

我曾杞人憂天地替古人擔心，如果當年程嬰在撫育趙氏孤兒的過程中，趙武有個三長兩短，不滿十五歲就夭折了，程嬰該怎麼辦？

　　那真的是生死兩難。

人間難捨是親情

　　生命是什麼？禪宗的解釋，是呼吸之間。如果以此類推，則人生的一切，亦不過「取捨」二字。人間社會，利益所在之處，必矛盾，如何取捨，亦是千差萬別。

　　古時的官場，為了君王一家一姓之平安，伴君如伴虎，官員的風險更高。有利益的地方，就有衝突。官場利益巨大，衝突自然頻繁。當年越王勾踐稱霸之後，主要功臣中，唯一全身而退的，是范蠡。這個范蠡，是人中之龍，出入廟堂，可以幫助勾踐復國稱霸；浮海江湖，照樣能夠務農經商致富，尊比王侯。唐詩人汪遵對他讚嘆不已：「不知戰國官榮者，誰似陶朱得始終。」范蠡之所以能贏得後人頌揚，是因為他對權力、富貴的態度，的確到了視若浮雲的境界，不僅有能力取，更勇於捨。

　　范蠡的第一次捨，是捨權力。勾踐稱霸了，身為主要謀臣的他，卻要求退居二線享清福。勾踐當然不同意，還以「加誅」相威脅。范蠡的回答是：「君行令，臣行意。」你說你的，我做我的，馬上來了個不辭而別，拋棄功名利祿，帶著輕珠寶玉，與其家人、私徒出海北上，改名鴟夷子皮，到齊國海邊辦私營農場去了。范蠡他們遠離權力，開荒種地，勤勞致富，終於「致

產數十萬」。而他的同僚文種，卻因留戀權力，在勾踐手下反而功成身死。

范蠡的第二次捨，是捨權力和財富。窮在鬧市無人問，富在深山有遠親。因為范蠡成為遠近聞名的大富翁，齊人聞其賢，紛紛來學習、考察，齊王知道了，更要聘請他為相國，以帶領齊國人民共同致富。知曉官位之累的范蠡不想做，就將財產送給知友鄉黨，帶著貴重物品，又一次悄悄地帶全家搬走了。

范蠡遠離了原住地，到了陶（今山東省菏澤市定陶區）。他認為這是天下的交通要道，於是定居下來，再一次改名，叫陶朱公，與兒子們一起從事農牧業和商業貿易。經過若干年的努力，又「致貨累鉅萬」，成了億萬富翁，天下聞名。

范蠡的致富，當然是因他出越國時帶的輕珠寶玉作原始資本，但是，更主要的原因，還是他全家勤勞與經營得法。他能十九年間三度致富，充分說明，最大的原因還是經營者本身。陶朱公能成為中國商人的始祖與偶像，也正是這個緣故。

范蠡住在定陶時，生了小兒子。小兒子成年後，他中間的一個兒子在楚國因為殺人而被囚。范蠡說：「殺人償命，天經地義；但是，千金之子，當不死於市。」他派小兒子去楚國探望和解救，讓小兒子帶千兩黃金準備出行。范蠡的大兒子知道後，認為長子是家督，如此大事卻讓小弟去，沒面子，要自殺。范妻勸范蠡道：「中子未救出而長子先亡總不好，還是讓長子去吧！」范蠡長嘆一聲，不得已，只好同意。他寫了一封信，交給

長子，要他交給楚國的老朋友莊生，並吩咐長子到楚國後，馬上將信和千金送給莊生，別的什麼也別做。長子出發時，又私自帶了數百金。

到了楚國，長子去見莊生，發現莊生家非常窮。他交了信和千金後，莊生說：「你快點走吧！別在這裡停留。你弟弟出來了，也別問為什麼。」長子救弟心切，又將自己帶來的數百金送給楚國權貴，請他們營救。

事實上，莊生雖然窮，但年高德劭，在楚國有非常高的威望，楚王都尊他為師，他收下千金，是表示接受託付。所以，莊生對妻子說：「這是朱公的錢，事成後歸還他，別動它。」

過了幾天，莊生進宮，向楚王說：「最近某星宿有異動，將不利於楚國。」楚王問：「怎麼辦？」莊生說：「做積德事可以禳解不祥。」楚王說：「我明白了。」於是決定大赦天下，免除楚國死罪者。

范蠡長子聽到這個消息，非常高興，知道弟弟不會死了，但是心痛送給莊生的千金。於是，他專門去莊生家告辭。莊生驚道：「你還沒有走嗎？」長子說：「聽說楚王要大赦了，我弟弟將會出來了，所以來告辭。」莊生馬上明白他的意思，說：「你進屋去把千金拿回去吧！」拿回了千金，長子非常興奮，弟弟有救，錢又沒花。

莊生非常生氣，覺得被小孩子耍弄了。於是他又進宮對楚王說：「您上次說做積德事，很好；但是，老臣在外面聽到謠傳，

說富翁陶朱公之子死罪囚楚，您特赦是為了他，而不是為了楚國。」楚王大怒，命令先殺了陶朱公的兒子，第二天再大赦。

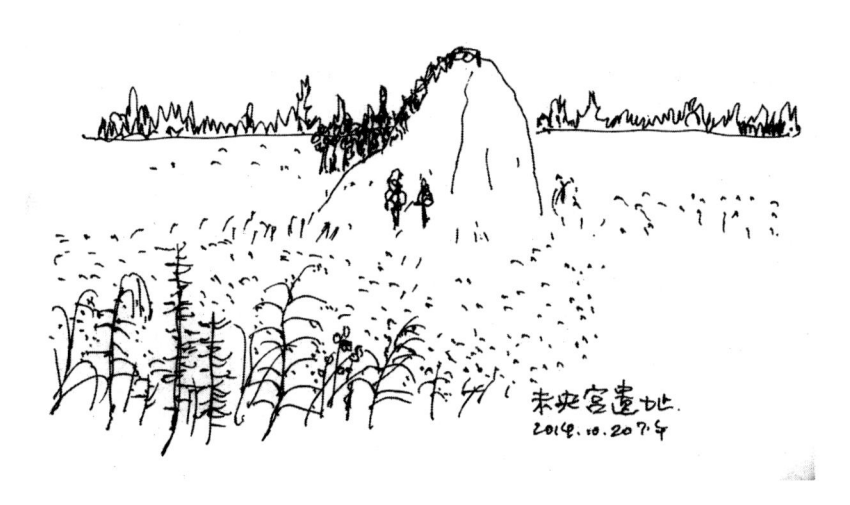

長子帶著弟弟的遺體回家。家人和鄰居都痛哭不已，只有范蠡陶朱公一個人笑：「這個結果我早就知道了。不是長子不愛弟弟，是因為他和我一起艱苦創業，知道賺錢不易，所以特別珍惜錢。至於小兒子，一生下來，就是有錢人，他對錢無所謂。我之所以派小兒子去辦事，就是因為他能夠慷慨花錢而不心疼。這一點，他大哥肯定做不到。事已至此，沒有什麼好悲傷的。我早就在日夜計算他們歸來辦喪事的時間。」

范蠡是個洞悉人性的哲人，識始而能知終。對中子的棄市殞命，雖知結果而無法挽回，也是不得已。因為在事理面前，

人間難捨是親情

有長子與妻子的阻攔,他如何踰越?如果他按事理辦,則犧牲長子;按親情辦,則犧牲中子。好在他早就說過,「殺人償命,天經地義」,所以,他也就無所遺憾了。

人都有弱點,范蠡也不例外。權力、財富,他可以捨棄;但是,親情他不會捨棄。因為親情,他在取捨上就無法做到完美。聰明智慧如范蠡,在自己的親人面前,也是徒喚奈何,何況他人哉!

不過,親情,也正是人之所以為人的所在。如果沒有了親情,人與禽獸也就沒有多少差別了。

穿越地獄的母愛

人間之愛中，父母之愛，尤其是母愛，應該是最為深摯和不可替代。但是歷史故事，往往又充滿例外，這也許正是歷史的魅力所在。

春秋時期有一個小國叫鄭，國君鄭桓公，是周王室成員。西元前771年，周朝發生了重大事變：犬戎殺周幽王於驪山，陪同的鄭桓公也被殺。鄭人讓桓公的兒子掘突提前接班，史稱鄭武公。

鄭武公娶了個夫人叫武姜。武姜生太子時難產，差點送了命，所以不喜歡這個兒子，為他取的名字也叫寤生。後來，武姜又生了第二個兒子，叫共叔段，因為生產順利，夫人特別偏愛。這種偏愛，有點讓人匪夷所思。不過，女性的思維往往異乎尋常、如同美貌萬端一樣，無法一概而論。後來，武公生病，武姜提出更易太子，廢長立幼。此舉違背傳統，乃君王大忌，弄不好會發生全國動亂。武公當然不同意。武公去世後，他的太子寤生順理成章地當上了鄭國國君，史稱莊公。

莊公一即位，馬上將弟弟共叔段分封於京，號太叔。鄭公的大臣祭仲是個聰明人，他私下對莊公說：「現在的京地比我們

穿越地獄的母愛

的國都還大,這不符合正常分封的規矩呀!會出亂子的!」莊公說:「沒辦法,我媽一再要這樣堅持,我剛即位,也不好反對。」共叔段到京地後,馬上製造武器,訓練士兵,經常與他母親一起,密謀如何偷襲首都,武裝奪取鄭國王位。

莊公二十二年(西元前722年),也就是在準備了二十二年後,共叔段認為時機成熟了,就率領人馬偷襲鄭國都城,母親武姜住在大兒子的都城裡當內應。

這樣的怪事,在春秋和戰國時期,好像也僅此一例,可謂天下奇聞。較正常的內訌,一般是兄弟、叔姪之間為爭王位而內戰、政變、暗殺,或是君王的妻妾之間,為了自己的利益,與自己的親生兒子一起,與君王的其他妻妾和親生兒子之間,因爭奪王位展開的明爭與暗鬥;而身為一個母親,有意挑動兩個親生兒子之間打鬥,如同自己的左右手之間打拳擊賽,的確有點匪夷所思。

弟弟和母親的這點小把戲,早就國人皆知了,當了國君的哥哥,情報系統肯定發達,豈有不知之理?身為合法王位繼承人的莊公,當然早有準備,自然奮起反擊,共叔段不敵,逃回京地。莊公的「政府軍」追擊到京,京地的人看不慣共叔段的謀反,沒人願意跟從,反而將矛頭轉過來對準共叔段,弟弟只好出逃到鄢。鄢地又守不住,只好再逃到共,做流亡王孫去了。

將企圖武裝政變的弟弟趕出了國門,莊公哥哥終於鬆了一口氣;但是,各種證據顯示,這場不得人心的叛亂,全是母親

武姜一手策劃的，莊公非常憤怒。如果是別人，早就殺掉了。殺不起，總還躲得起。莊公下令，將武姜從國都趕出去，讓她住到城穎，並發誓說：「不至黃泉，誓不相見。」黃泉即死亡之意，也就是說，有生之年，不會再見了。這一年，莊公三十九歲。這個偏愛小兒子的武姜，估計也將近六十了。

武姜反思自己的所作所為，也覺得自己太過分了，哪有母親因為生大兒子難產，就叫小兒子去殺大兒子？如果一定要怨恨，怨恨自己的老公還有一點點理由，與嬰兒本身的確沒有關係；但是，大錯已經鑄成，她也無法挽回。現在不但小兒子見不到，大兒子同樣也見不到，只能一個人孤零零地生活，還要受到國人的譴責。武姜老太太真正是追悔莫及。

母子分開一年多，莊公寤生也開始思念母親了，後悔將她趕走。只是雙方都缺乏一個見面的契機。

世界上的事，總是先有需求，再有發明。莊公的事，同樣不例外。

穎谷的長官考叔來國都述職，並上繳國稅，莊公在親切接見後，照例賜宴。喝著酒，吃著肉，看著雙方的氣氛很好，早有準備的考叔趁機提了個小小的要求：「小臣家有老母，希望也能得到君王賞賜的食品。」聽人提到老母，莊公非常傷心：「你的這個請求沒問題，等一會兒請他們為你母親送過去。只是我現在也非常想念母親，想見面卻做不到。因為，我已發下誓言，身為國君，我不能違背誓言。怎麼辦？」考叔是個聰明人，他

穿越地獄的母愛

說：「君王不是說不至黃泉不相見嗎？那我們就掘地三丈，肯定有黃泉，這時相見，不就遵守誓言了嗎？」莊公大喜。

於是，莊公立刻派人去挖地道，挖到三丈以下，果然黃泉如湧，於是，武姜和寤生母子，終於在地道的黃泉上相見。腳下的水，分不清哪些是泉水，哪些是淚水。身為國君，莊公既不負誓言，又不負親情，真的是兩全其美。鄭國人民也因為親情的和解而非常高興。世界上，能穿越地獄的，大概也只有母愛吧！這個聰明的考叔，升官應該沒問題。

四百八十多年後，西元前238年，秦王，亦即後來的秦始皇，同樣遇到了類似的難題。他的母親、太后趙姬和長信侯嫪毐私通並生下兩個兒子，嫪毐發動了武裝政變。政變很快被秦王鎮壓，嫪毐和他的兩個兒子全被殺死，並滅了他三族。他的所有家僕舍人，重則死，輕則終身服苦役，受此牽連而充軍的有四千多家。對參與者趙姬太后，秦王當然非常震怒，但又殺不得，就將她趕出了國都咸陽，讓她住到雍地。

從《史記》看，見不到母親，薄情寡義的秦始皇，倒沒有顯露出多少悲傷，說動他重見母親的，是齊人茅焦，他對秦王說的理由不是親情，而是事業：「現在秦國正要一統天下，而君王卻將自己的母親趕到外地，這樣的事，不情也不義，如果被諸侯國的民眾知道了，恐怕對秦國不利。」於是，秦王乃迎接母親趙太后重回咸陽，住進了甘泉宮。

看來，不管是出於親情還是事業，母子之情依然是最基本、最神聖的人倫，人們都要尊重。據說，即使在蠻夷狄番之國，可以罵天、罵地、罵總統，就是不能罵對方的母親。20世紀，東西方都曾經有過一段以消滅基本人倫為手段的烏托邦時光，結果到達的，卻是深深的地獄。

世上真有聖人嗎

我們的歷史書上,一直密密麻麻地記載著數不清的聖人。不過,那說的是以前,反正我們也沒見過,你信不信都沒關係。但是,當別人告訴你,你旁邊出現了這樣一個聖人,你會相信嗎?

兩千多年前的漢代,漢武帝劉徹心裡希望有,也就相信有。但他的宰相公孫弘根本就不相信世界上會有這種生物存在,一口就給予了回絕。

這個候選聖人,就是漢代的卜式。

卜式,河南人,是個農民,從事耕種畜牧業。他很早父母就去世,一人帶著弟弟生活。等到弟弟長大成人了,卜式只拿了一百多隻羊,別的田產財物全部留給弟弟。帶著這些羊,卜式進山林放牧十餘年,羊也變成了一千多隻,又買了田宅,變成富翁。而他弟弟因為坐吃山空,已經破產,卜式又多次分財產給他弟弟。

這時候,漢朝開始征伐匈奴,國家開支非常大。卜式上書皇帝:「願意將家中財產的一半捐給政府,用於打仗所需。」漢武帝很高興,派使者去見卜式,問:「您想當官嗎?」卜式說:

「我從小當農民,沒有當過官,不願意。」使者問:「您家裡有什麼冤屈,需要申訴嗎?」卜式說:「我與他人沒有糾紛。我所居住的地方,有困難的人,我願意借錢幫助,做得不善的,我願意出面教育,大家都以我為榜樣,更沒有人讓我受冤屈。我沒什麼事要申訴。」

使者覺得非常奇怪:「那您捐款的目的是什麼呢?」卜式說:「現在天子在討伐匈奴,我認為每個國民都要盡力,軍人要效死邊疆,我只是一個有錢人,沒有其他的能力,所以就捐點錢,只有這樣,才能消滅匈奴。」使者向漢武帝匯報。武帝又對宰相公孫弘說了這件事。公孫弘根本不相信天下有這樣的聖人:「這個人的做法不符合人之常情,恐怕另有所圖。這樣的榜樣,還是不要樹的好,希望陛下不要理睬他。」

卜式沒有捐款成功,繼續當農民。

一年以後,朝廷因為數征匈奴,國庫空虛。又過了一年,政府開始移民開荒,官府的開支更大,移民的溫飽都得不到保障。卜式主動為國分憂,捐了二十萬錢給河南太守,以救濟移民。武帝從上報文件中看到卜式的名字,記得他,就特地賞賜給卜式童僕四百人。卜式將這些賞賜,全部獻給了當地政府。當時的社會風氣是有錢人爭相隱瞞財產,只有卜式主動要求幫助政府解決困難,所以,漢武帝認為卜式是個好榜樣,決定樹立為典型,號召全國人民學習。

來到首都,卜式被任命為郎,但卜式不願意當官。武帝說:

世上真有聖人嗎

「我的上林苑中也有羊,就請您在那裡牧羊可以嗎?」於是卜式穿著官服,做了牧羊人。一年多過去了,卜式管理的羊,不但肥壯健康,而且還生了很多小羊。武帝經過上林苑時,看到卜式的羊群,非常高興,問他是如何辦到的。卜式說:「也沒有什麼奧祕,不過是根據羊的作息時間起居。有了病羊,趕緊去除,以免危害全群。其實管理老百姓,意思也是一樣的。」武帝覺得這個人有意思,就請卜式去一個小地方「緱氏」當領袖。不久,那裡的百姓都說卜式工作方式簡便,沒有形式主義,非常好。武帝非常高興,又將卜式升官到成皋當領袖,結果那裡的工作效率也最高。武帝認為卜式這個人誠樸、忠實,就讓他當齊王的太傅,後來,又讓他直接當了齊相。

以卜式為聖人榜樣,武帝是樹立起來了;但是榜樣的力量卻完全沒有顯現,富人紛紛捐錢的場面,一次也沒有出現。因為連年打仗,國家財政困難,武帝又相繼發表了新的貨幣政策,公然掠奪民眾的財產。實行鹽鐵國家壟斷,取消私營鹽鐵業。結果,引起了富裕階層的不滿,加劇了下層民眾的貧困,有的甚至破產為奴,而官府卻因此而發財。武帝好大喜功,常常出巡各郡國,耗費巨大,民眾不堪負擔,許多官員完成不了任務,就畏罪自殺。

此後,南越反,武帝派二十萬人靖邊,財政更加困難。已經是齊相的卜式,又捐獻了財產,並上書武帝:「我願意父子共赴前線,以死報國,為皇上分憂。」武帝大喜,特地賞賜卜式關內侯、金六十斤、田十頃作為獎勵,並再次昭告天下以宣傳;但是,響應的人照樣一個也沒有。全國數百個列侯,沒有一個主動要求去守衛邊疆。武帝大怒,就對這些列侯進行攤派捐款,不捐錢的一律取消爵位。結果,仍然有一百多個列侯寧可失侯也不願捐錢。兩相對比,武帝更覺得卜式這個人是聖人,境界高,了不起,於是又將卜式提拔為御史大夫。

官當大了,看到的東西多了,但卜式依然是質樸農民的思維,不懂得迎合聖上之意。所謂迎合聖意,就是以皇帝的是非為是非,簡而言之,就是「服從」二字;但是,卜式是個老實人,他不懂,也不願意。他看到鹽鐵等被政府壟斷經營後,質劣價昂,官府的車船運輸,也不按市場規律辦事,為老百姓帶

世上真有聖人嗎

來諸多不便。卜式就公開提出了相反的意見。這樣的意見，不符合皇帝的意圖，武帝非常不高興，將卜式降為原先的官職——太子太傅。

此後，桑弘羊主掌全國經濟，政府的壟斷進一步加劇，不但鹽鐵壟斷，其他方面也實行官府壟斷經濟，官府與官員公然參與買賣，結果，商人紛紛破產，物價飛漲，百姓生活更加困難。而官府和官員，卻反而富裕了。武帝因為用錢更方便，非常高興，大大地獎勵桑弘羊。

這一年，天旱，武帝下令官員們向天求雨。卜式說：「當官的俸祿衣食應當來自百姓的稅收，哪有像桑弘羊這樣，官府和官員直接開公司經營的？官府求利，當然百姓遭殃。只要烹殺了桑弘羊，天肯定會下雨。」

不知這個卜式後來的命運如何，但是，就武帝來說，他樹的這個聖人典型是失敗的：一沒有產生示範作用，二又與自己的政策唱反調。所以，以後的皇帝都學聰明了，人沒死，概不樹典型。因為只有死了的人，要怎麼塑造就怎麼塑造，反正已經死無對證。第一號聖人孔子，也是死後數百年才被人封聖的。

不過，卜式本人，倒沒有那麼複雜，他的確是個老實人，也是一個為國為民的好人。但是，對帝王而言，只有對鞏固皇權有用的人才是聖人，其他的，一概都沒有價值。

回到本文開頭，世界上有聖人嗎？

這讓我想起《西遊記》中豬八戒常說的話：「師父，世界上有如此美貌的妖怪嗎？」

娘家與婆家誰重要

有一個笑話，常被人們講起：妻子與老媽同時落水，身為丈夫和兒子，你會先救哪一個？這當然是個偽命題，因為發生這種事情的機率，不會比中十億元樂透高。只是刁難一個男人，在愛情與親情之間做出選擇。我猜想，起初設計這個難題的，肯定是媳婦。

事實上，處於一個父權社會，男人的困惑，遠遠不如女人多。因為娘家與婆家之間的矛盾，有時候更激烈，更無法調和。

春秋和戰國時期，不管大小，幾乎每一個王國都是多事之國，不是有外患，肯定就有內鬥。內鬥的原因，就是選繼承人，也就是王國內誰說了算的問題。這種內鬥帶來的結果，就是根本性的、長時間的王國動盪。

本來，按照傳統與習俗，只有嫡長子才有繼承權。但是，因為有的國王長壽，又多內寵，生的孩子多，愛妾及子。所以，常常發生廢長立幼的事，有時甚至幾度廢立，讓大臣們很困擾，因為萬一站錯了隊，不是薪資沒處領，而是腦袋還在不在肩膀上的問題。齊桓公一世英明，在晚年時，也因為在繼承人問題上出現反覆，弄得後來大國衰落。趙國的武靈王，是個改革的

先鋒，胡服騎射，使趙國走向強國之路；但是，烈士暮年，照樣鬥不過懷中的女人，讓兩個兒子產生內鬥，國力大損。老父愛晚子，幾乎又是規律，就容易出事。漢代的劉邦，死不瞑目的最大遺憾，就是沒有立幼子趙王如意為太子。

當年的鄭國也遇到了君王的千古難題。鄭莊公有四個兒子：太子忽、二子突、三子亹、四子嬰。這四人都先後當過國君。莊公於西元前701年死後，在重臣祭仲支持下，太子忽即位，史稱昭公。本來天下太平了，但是，在二兒子身上出了問題。二兒子突的外公家是宋國的貴族，很有勢力。宋國國君為了本國利益，以不正當的手法，劫持了鄭國的重臣祭仲，脅迫他簽訂盟約，立突為君王。又與突暗中約定，支持他當君王，以後要給宋國好處。祭仲和突都答應了。聽到這個消息，鄭昭公忽害怕了，為了活命，他跑到衛國。於是，二兒子突在祭仲和宋國勢力的扶持下，當了鄭國君王，史稱鄭厲公。

原來太子即位，是理所當然，而你二兒子上臺，用的是不正當手段。所以，擁立者祭仲心態就不一樣了，變得非常專權蠻橫，什麼都是他說了算。厲公當然不高興，就想把這個老傢伙除掉。厲公找來雍糾商量如何殺掉祭仲。雍糾是祭仲的女婿，得到鄭國領袖的信任，非常高興，回家之後，有了異樣的言行，被他老婆知道了。雍妻在丈夫和老父之間做不了選擇，趕緊回娘家問母親：「父與夫孰親？」母親說：「父一而已，人盡夫也。」聽母親如此一說，雍妻就把丈夫受君王之命、要除掉

父親的事，向父親和盤托出，老岳父祭仲大怒，立刻派人拘捕女婿雍糾，第二天就在大街上公開殺了頭。厲公知道了，也救不了他，只有嘆息道：「這種事怎能讓女人知道呢？死是免不了的。」

後來，趁厲公到外地巡視的時機，祭仲派人將太子忽──即昭公──重新迎回，昭公復辟；而雍糾，卻白白地送了命。只是不知祭仲女兒、雍糾妻，以後該如何生活？一群沒有父親的子女，會如何看待告密的母親？

這個傻妻子，當時為什麼不問婆婆，而問母親呢？

如果說，祭女雍妻是自我選擇的結果，那麼，另一個女性的結局，則令人傷心和同情。

西元前458年，趙簡子死後，兒子趙無恤承襲爵位，史稱趙襄子，他是個殘忍又野心勃勃的人。父親剛剛下葬，喪服未除，他就開始了領土的擴張。

趙襄子第一個想到的就是吞併鄰居代國。代是一個小王國，但是代王夫人是他姐姐，代王是他的姐夫。襄子北登夏屋山，派人去請代王來相聚。雖然是兩國，但畢竟還是親戚。儘管老丈人死了，但是小舅子接班、當了國君，依然是至親，哪有不去之理。本來國君之間見面，肯定會帶衛隊，因為是親戚，代王沒帶幾個隨從，就興沖沖地去了。

那邊代王不設防，這邊陰謀正在進行中。趙襄子一邊整頓軍馬準備出征，一邊要廚師準備豐盛的宴席。姐夫與妻舅見

面,代王沒有任何芥蒂,和所有隨從都開懷暢飲。早就得到指令的廚師名叫各,他拿著銅製的長柄枓(酒具)酙酒,酒至半酣,廚師各突然變成了殺手:他以手中的銅枓,將代王和他的隨從全部敲死。一待他得手,趙襄子馬上命令士兵進軍代國,武裝占領了全部領土。

趙襄子勝利了。他的姐姐、代君夫人,在離代郡二十五里的馬頭山邊得到夫死國亡的消息,而主導這一齣慘劇的是她弟弟。代夫人悲憤難當,呼天搶地地痛哭。她如果為夫報仇,必須與自己的弟弟為敵;如果支持弟弟擴張,則是背叛丈夫。無論怎樣選擇,她都無法兩全。最後,悲痛絕望的代夫人,拔下頭上束髮的金笄(即簪子),默默地磨尖後,以笄自殺。後人為了紀念代夫人,就將這座山取名磨笄山。它在今天河北省淶源縣境內。

古人有詩:「傷人豈獨息夫人。」如果面對代夫人,美貌傾城傾國的息國夫人,身為戰敗國的女俘,又成為戰勝國楚國君王寵幸的女人,還真不算是最傷心者。

過了一千一百多年,到了唐朝。中國歷史上唯一登基稱帝的女皇武則天廢掉兒子李旦,改唐國號為周。她一直糾結於誰接班為好:是婆家李氏的自己兒子,還是娘家姪子武承嗣?聰明人狄仁杰告訴她,如果立武承嗣為太子,將來武則天難享太廟,因為歷史上還沒有姪子為姑姑立宗廟、進宗祠的。如果武則天立婆家的李姓人為太子,兒子當家,父母配享太廟是天經

娘家與婆家誰重要

地義,也是百代不易的宇宙真理。

一心想流芳百世的女皇,在強大的傳統文化面前,也只好低下了頭顱。辛苦奮鬥幾十年,一夜回到解放前。為了自己,她還政於婆家——李家。在她死後,兒子即位,廢周復唐,武家也迅速受到徹底血腥的清算。如果當年武則天不太偏愛娘家,可能還不至於有如此矯枉過正的結局。

從父權社會的中國歷史來看,女人要實現自己利益的最大化,娘家還是靠不住的。

君王信任誰

　　按照正體字的寫法,「國家」的「國」字由三部分內容組成:土地、人民、武裝力量。以思想家孟子的說法,一國之中,「民為上,社稷次之,君為輕」。這當然是一廂情願的理想境界,但是,老百姓最喜歡聽。只是對一國君主而言,老子才是國內領袖,民眾能夠排老三已經不錯,要排第一,不可能。

　　所以,從根本上來說,王權制度下的所有國君,都將自己的王國當成自己的私有財產,包括統治下的子民。當然,沒有一個國君會這麼赤裸裸地說,他們都跟著孟子做應聲蟲,天天喊民為貴、民是天、寡人是夙興夜寐為黎民百姓服務的。我們在所有帝王公開的詔書、告示中,不可能發現與「民為貴」相悖的言論。言行不一,謊言盛行,是帝制文化的一個特徵。凡是君權文化,本質上都是虛偽的,自欺欺人的。

　　在一個以國家為私產的王權時代,誰最不安全?

　　西元前 260 年,歷時三年的秦、趙長平戰役結束,趙國失利,趙國參戰的四十萬戰士,被秦軍全部坑殺,只放回二百四十個孩童。單獨能夠與秦國挑戰的趙國,從此一蹶不振。秦國為了徹底消滅這個宿敵,儘管自己也已疲憊不堪,還是乘機圍困

君王信任誰

了趙都邯鄲，準備一勞永逸地解決這個宿敵。趙國危在旦夕。

以當時的七國而論，如果趙國被滅，秦國獨大的局面，將更加明顯，其他各國誰也無法單獨與秦抗衡。秦國長期實行遠交近攻的國策，正在蠶食、吞併和擊破各個王國。為各國計，只有團結合作，共同抗秦，才是救亡圖存的唯一途徑。

作為鄰居，魏國已來了多批趙國的求救信使，希望魏國能出兵相助。秦國也派來使者警告魏王：「誰出兵，下一個就攻打誰。」魏安釐王雖然派出了晉鄙元帥率領十萬救兵到了鄴地，卻按兵不動，只作壁上觀。

魏王的異母弟無忌是信陵君，是戰國時期最著名的四公子之一。他養士三千，人才濟濟。他的國君哥哥，心中既高興又害怕。高興的是，有弟弟作號召力，魏國在諸國中很有威信；害怕的是，萬一哪天弟弟想當國君了，自己的地位將不保。

信陵君的姐姐，是趙王之弟、著名公子平原君趙勝的夫人，她也以私人名義多次寫信給魏王和信陵君，希望兩個弟弟早一點來幫姐姐一把。趙勝也來信，對無忌說：「您即使不在乎我，難道不在乎您姐姐的命運嗎？」信陵君和賓客們百端勸說魏王下令迅速攻秦救趙；但是，魏王畏秦，就是不肯。無奈之下，信陵君用了侯嬴之計，讓魏王寵姬如姬竊得兵符，以力士朱亥之錘殺了元帥晉鄙，獲得魏軍領導權。此時，楚國援軍亦至，信陵君率領趙魏楚聯軍抗秦，奮起反擊，終於打敗了秦軍，保全了趙國。「竊符救趙」的典故，就由此而來。

從當時七國力量平衡和魏國的根本利益來說，信陵君做了一件大好事；但是，畢竟他是矯詔抗命，也有叛國之嫌，魏王哥哥的顏面也掛不住。所以，聯軍勝利後，無忌讓魏軍回到國內，自己留在趙國。

秦國被三國聯軍打敗，當然非常惱怒。為了報復當年魏國不顧警告出兵，在恢復了幾年之後，它首先出兵攻魏。

魏王看到大敵當前，想起了弟弟信陵君，派使者去趙國請他回國。別離十年後，兄弟再相見，相擁而泣。哥哥授予弟弟上將軍印，讓他統一指揮全國軍隊；同時，魏國也向各國派出使者求救，以信陵君的強大號召力，果然趙、燕、韓、楚各國都派兵援助，五國部隊統一合作，在河外大破秦軍，打敗了秦將蒙驁，並一路西進，將秦軍打回函谷關，再也不敢出來。

魏國保住了，但是，信陵君無忌的地位，反而更危險了。一是魏王一直擔心弟弟發動政變，現在弟弟在諸侯國中的威望更高了，這個風險當然更大。二是秦國為了自己的利益，出資萬金，請人在魏國到處說信陵君的壞話，說他陰謀篡權。還故意多次派使者到魏國，向魏王祝賀獲得「粉碎無忌集團篡位奪權陰謀」的偉大勝利。內外夾攻下，魏王也不得不信，於是奪了弟弟的兵權。無忌既不想篡位，又不想再次流亡國外，但無以自證清白，只好從此稱病不上班，整天醇酒婦人。過了四年，即西元前年，信陵君就死了。信陵君實際上是在溫柔鄉裡自殺的。他的哥哥也在當年死去。得到信陵君的死訊，秦國馬上派

出當年的敗將蒙驁出征魏國，攻取了二十城。十八年後，秦滅魏，俘魏王，屠大梁。

信陵君的命運，可說是王權體制下能臣的縮影。儘管他是國君的親弟弟，但是，所有國王都警惕任何可能對他權力構成威脅的人。對國君來說，即使是當一個亡國之君，也還是自己當更合適。所有的權力擁有者，都堅信只有自己才能做得更好。

一個王國或團體，最重要的資源是人才。信陵君無疑是魏國的第一人才，但是，身為國君的哥哥依然提防大於依靠，於國家、於本人，都是一個悲劇。

信陵君是司馬遷最推崇的人物之一，也是戰國四公子中被給予最高評價的人。行文中，司馬遷一口一個「公子」稱信陵君，〈魏公子列傳〉就有一百四十多處，從不直呼其名，景仰之

情溢於言表。事實上,信陵君因為胸懷寬廣、禮賢下士,才擁有廣泛的人才資源。他存趙、存魏的卓越功勳,是他和三千門客集體創造的。在關鍵時刻,他的門客們都給了最好的建議,也願意為他做出犧牲。侯嬴、如姬、朱亥、毛公、薛公等人,都曾為他出智出力,多次讓信陵君轉危為安。正因為信陵君集團能幹,所以魏王越要提防。

　　回顧秦至清代的歷史,可以明白,君王都是歷史的奴隸。君王專權之國,越到後來,智力就越退化,是因為形成了人才的逆淘汰機制:為了權力的穩定,只讓統轄區的人越來越愚蠢,君王才會越安全。正如史學家司馬光在《資治通鑑》第一卷中所寫的那樣:「凡取人之術,苟不得聖人、君子而與之,與其得小人,不若得愚人。」聖人、君子當然是君王自己,所以,一國之中,能用的和信任的,就只有愚蠢者。最後必定假話盛行,天天都過愚人節,而魏無忌這樣的人,肯定沒有好下場。信陵君一死,魏國當然也只有死路一條了。

何處是故國

所有古今中外的哲人們，都對當下的世界不滿意。

春秋戰國時期，我們現在稱之為中華文化的黃金時代，但在當時先哲們的眼裡，這是一個近乎世界末日的禮崩樂壞的黑暗時代。人們不信天命了，上下尊卑沒有了，當官不用世襲了，神靈不靈了⋯⋯那時的哲人們，其實比當代人還要焦慮。天頂漏了，人心壞了，拿什麼來修復？這個世界究竟靠什麼維持才能長久？

我們看當時人寫的書，無論是老子、孔子、墨子、孫子、孟子、莊子、韓非子⋯⋯所有的文化大師們，個個都不滿現狀，都是憤世嫉俗，都認為當時社會太不像話了，要變革，要找人論理，但又不知道找誰。大家都認為自己真理在手，為這個世界把過脈，認定自己開出的藥方最好。是貴族官員子女的，基本上能在本國找到工作後施藥救國；不是的，就只能到處投遞履歷，託人介紹，向國君遊說，希望君王們按照自己的藥方，治國治世，再造天國。中華大地上，行走著一批胸懷故國、放眼世界的士人。

孔子就是一個典型，他也是一個流浪者，周遊列國，如喪

家之犬，就是為了找一個能接受他的藥方、幫助他實現人生理想的君王。

從文化史上看，春秋戰國時期，的確是中國文化最輝煌的時代，人才濟濟，群星燦爛。但是，除了老子、孔子、孟子、屈原等人外，他們之中的多數人，並不在自己的故國建功立業：孫武，齊人，建功於吳；吳起，衛人，先後建功於魏國、楚國；伍子胥，楚人，建功於吳；商鞅，衛人，建功於秦；蘇秦，洛陽人，建功於燕、趙、韓、齊諸國，為從約長，相六國；張儀，魏人，建功於秦；范雎，魏人，建功於秦；蔡澤，燕人，建功於秦；樂毅，魏人，建功於燕；呂不韋，魏人，建功於秦；李斯，楚人，建功於秦；韓非，韓人，其學說實踐於秦；蒙恬，其先齊人，建功於秦……

思想家班傑明・富蘭克林（Benjamin Franklin）說：「哪裡有自由，哪裡就是我的祖國。」事實上，中國的士人們，早在兩千多年前，就在地球的東方實踐了，哪裡給自己自由發展的空間，就去哪裡。而且，這些人的故國，也沒有發出惡狠狠的詛咒聲，也不去挖人家的祖墳，基本上也是來去自由。

魏人范雎可說是一個典型。

范雎是魏國人，一直想為故國做出貢獻。但是，家裡窮，只好到魏國中大夫須賈家當門客。須賈為魏昭王出使齊國，范雎以門客身分跟隨。留齊數月，事情還沒有辦好。齊襄王聽說范雎口才了得，派人送給他金十斤及牛肉酒菜。因為這不符

何處是故國

合外交禮儀，范雎不敢接受。須賈知道了，大怒，懷疑范雎向齊國洩露了什麼國家機密，所以齊王才送東西給他。因此，命令范雎退回十斤金，接受酒肉。回國後，須賈向魏相魏齊報告了此事。魏齊大怒，認定范雎出賣了情報，叫人將范雎痛打一頓，打得他肋斷齒折。

范雎裝死，他們就將他用草蓆捲起來，丟在廁所。魏齊要賓客們故意往他身上撒尿，以示懲罰，也警告賓客們不能出賣機密。奄奄一息的范雎在草蓆裡對看守人說：「請您放我出去，我一定會重謝您。」看守就向魏齊報告范雎人已死，要求丟出去。魏齊剛好酒醉，就隨口答應了。范雎因此撿回了一條性命。范雎的朋友魏國人鄭安平冒著生命危險收留、隱匿了范雎，范雎改名為張祿。

此後秦昭王派了使者王稽到魏國，鄭安平就假冒魏國服務人員接近王稽。王稽問：「魏國有沒有賢達之人想去秦國發展？」鄭安平說：「有一個賢人張祿先生，想與您交流天下大事。只是他有仇人，不便白天見面。」王稽說：「那你帶他晚上一起來吧！」當天晚上，張祿和鄭安平到了王稽住所。一交談，王稽馬上認定這個張祿是不可多得的傑出人才，立即決定帶張祿一起回秦國。

五年以後，張祿得到秦昭王的重用，為秦相，號應侯，成為秦國的次要領袖。對此，魏國一概不知，他們以為范雎已死去多年。

張祿執政後，推行兩大國策：對內，集權於君；對外，遠交近攻。秦國走上持續的擴張之路，當時，準備東征韓、魏。魏王派出須賈為使，去秦國求情。張祿得報，特地換了破舊衣裳去拜訪。須賈一見范雎，大驚道：「小范，你還好嗎？」張祿說：「還可以。」須賈說：「你遊說過秦王嗎？」張祿說：「不敢了。上次得罪了魏相，逃命至此，哪敢再遊說？」須賈說：「你現在在做什麼？」張祿說：「替人做傭工過日子。」須賈十分同情，留他一起吃飯。看他衣衫單薄，又送了他一件棉袍。問：「秦相張先生，你知道嗎？聽說國政都他說了算。我這次來的事，也取決於他。你的朋友中，有認識他的嗎？」張祿說：「我的主人認識他，我也經常見到他。我可以帶您去見他。」須賈說：「我的馬病了，車子也壞了。沒有大馬車，我也不想出門。」張祿說：「我替您向主人借來就是。」

　　於是，張祿回相府取了大馬車，載著老長官回相府。路上的人看到相國親自當馬夫，都紛紛避讓。到了相府，張祿說：「您先等一下，我進去通報相國。」須賈等了半天，還不見范雎出來，就問保全：「怎麼范雎進去很久了還不出來？」保全說：「沒有范雎。」須賈說：「不就是剛才趕車的這個人嗎？」保全說：「他是我們的張丞相。」

　　接下來，就是張祿的快意恩仇錄。他設盛宴大會各國使節，卻讓須賈在堂下做畜生、吃馬料，公開羞辱，並警告須賈：「因為你贈衣請飯，尚有故人之情，故饒你一命。告訴魏王，拿魏

何處是故國

齊的頭來，否則秦軍將屠魏都大梁。」

秦王也替張祿報恩，對推薦張祿的王稽，拜為河東太守，三年不用上繳稅款。任命當年收留張祿的魏國朋友鄭安平為將軍。後來，魏齊的頭顱也從趙國送到了。張祿此後廣散家財，以報答當年在困難時刻幫助過自己的所有人。他做到了一飯之德必償，睚眥之怨必報。

對某些人來說，故國是用來懷念的。但是對范雎來說，魏國是用來仇恨的。魏國想要他的命，而秦國給了他自由展現才華的機會，給了他報恩、報怨的機會，給了他實現人生公平正義的機會。

好在當年沒有人稱范雎為賣國賊，更沒有否定在異國他鄉建功立業的孫子、吳起、商鞅等英傑們。《史記》還讚揚有加，說范雎「長袖善舞，多財善賈」，「取卿相，垂功於天下」。司馬遷更像一個現代人。

別把自己當工具

兩千多年的專制王朝時代，國人有盼明君、盼清官和盼俠客的三盼傳統。盼來的，卻常常是暴君、酷吏和流氓。

按照劇作家們的編寫，漢武帝是個非常了不起的人物，是理所當然的明君，只是，當年的老百姓，並沒有覺得他有多好，反而更懷念前兩任皇帝 —— 文帝劉恆和景帝劉啟。沒有別的原因，就是因為前兩個皇帝不會沒事找事做。

漢武帝是一個非常喜歡找事做的人。加上身體好，活到了七十歲，執政時間長達五十四年，所以，許多事情，他都可以做得出、做得成。他罷黜百家、獨尊儒術；教為先，興太學；削封建，遷豪強；征匈奴，平南越，開疆拓土；多方求不死藥，到處封禪……長達五十年的拓邊戰爭，結果是民不聊生，如後來的班固所言：「海內虛耗，戶口減半」。武帝一直繁忙到死，才後悔，才說了一些人話。

身為一代雄主，漢武帝的所有政策，是靠酷吏們去完成的。

張湯，就是其中的一個代表。

別把自己當工具

　　張湯是杜人，其父為長安丞。一天，父親出門了，叫張湯看家。父親回家時，發現家中的肉被老鼠偷走了，將張湯打了一頓。張湯非常生氣，就將老鼠和餘肉從洞中掘出，按照審案子一樣，寫了訴狀，傳原告，引被告，將證據一一展示，然後宣判老鼠死刑，將牠在堂上剁碎。父親看他寫的訴狀，有模有樣，如老獄吏所為，大驚，就讓他去學如何判案、審人。老父死後，張湯當了長安吏。武安侯為丞相時，提拔張湯為侍御史。張湯在審查陳皇后蠱獄案中，層層深挖，株連甚眾，深得武帝之意，覺得他能幹，就將他升為太中大夫。與武帝關係近了，得到的消息也多了。張湯是雙面人，常常口是心非，即使對人心懷不滿，表面上會顯得非常親熱，暗地裡卻在尋找對方的漏洞。武帝信任張湯，常把大案交給他辦。張湯辦案，不是以事實為依據、法律為準繩，而是試探武帝的意思，武帝想嚴辦的，他就往死裡辦；武帝想寬宥的，他就會找藉口幫忙開脫。同時廣結關係，培樹同黨，所以儘管他做事狠毒，社會形象卻很好。武帝要清除藩王的勢力，張湯就充當急先鋒，對淮南、衡山、江都謀反案都徹查深挖。其中涉及嚴助、伍被二人，武帝說將他們放了吧！張湯堅持不肯，武帝也順水推舟地同意。不管牽連到哪個大臣，張湯都去查辦。武帝很高興，又提拔張湯當御史大夫。

　　武帝長期對外戰爭和採取金錢外交，使財政緊張，加上水旱災害，百姓日子很艱難。張湯秉承上意，為了斂財，大量發

行貨幣,壟斷鹽鐵經營,對富裕人家進行財產登記,再想辦法掠奪歸公。這些政策實施後,國庫大增,但天下騷動,百姓困厄,奸吏又乘機漁利,張湯就以峻法治罪,結果,自公卿至百姓,都在背後罵張湯。丞相名義上是張湯上司,但皇帝更信任張湯,事實上,都是張湯一人說了算。有一次張湯病了,皇帝還親自去他家探望,隆貴無比。

匈奴要求和親,武帝要大臣們討論。博士狄山說:「和親好。陛下現在舉兵擊匈奴,國疲民困,不合算。」武帝又問張湯。張湯說:「這是愚儒無知。」狄山說:「我是愚忠,總比你張湯詐忠好。你張湯嚴刑峻法,讓皇親國戚均不自安,就是詐忠。」武帝非常不高興,對狄山說:「如果要你去守邊,你能讓一郡沒有匈奴入侵嗎?」狄山說:「不能。」武帝說:「一個縣怎麼樣?」狄山說:「不能。」武帝又問:「一個前方哨所如何?」狄山知道,如果再說不能,肯定會坐牢、被殺頭,就硬著頭皮說:「能。」狄山到任一個月後,哨所被匈奴攻破,他的頭顱也被砍了。從此以後,群臣震懾,再也不敢與張湯唱反調了。

張湯深得武帝寵愛。他在御史的位置上七年,常常恃寵凌下,非常驕橫,得罪的人太多。丞相與三長史終於找到張湯違法透露國家經濟機密的把柄,要陷他於死地。武帝當面質問張湯,張湯說沒有。武帝懷疑張湯不誠實,派了八批使者去問,張湯依然否認。於是,武帝要另一個酷吏趙禹去查。趙禹對張湯說:「你老兄這些年來滅族了多少人家,現在人家說你有罪,

皇帝重視你，要你自己看著辦，你還需要對簿公堂嗎？」張湯明白了皇帝的心思，於是自殺。

稍晚於張湯的王溫舒，也是個屠夫式的酷吏，喜歡以殺人治理。他任河內太守時，捕郡中豪猾，相連坐達千餘家，大者滅族，小者本人殺頭，財產全部沒收充公。從九月上任一直殺到十二月，血流十餘里。因為漢代規定，正月不能殺人，他感嘆：「如果冬季能延長一個月就好了。」

歷代的酷吏們在皇帝的心目中，都是忠臣和能臣。因為他們甘作帝王的鷹犬，沒有自己的是非對錯。不過，這些人大多數沒有好下場。酷吏侯封在呂氏敗後，族誅；孝景時的酷吏晁錯，被殺；景帝時，酷吏郅都，被殺；武帝時，酷吏王溫舒，滅族；酷吏減宣，自殺。因為他們是工具，事情做完了，首先丟棄的當然也是工具。

漢代也有法律。但是，在皇帝的眼裡，法律是麵團，想怎麼捏就怎麼捏。像張湯這一類酷吏，一切以皇帝的意願為前提，窺伺上意，漠視民瘼，不顧法律，結果是加重了官吏和百姓的疾苦。現在那些為武帝唱讚歌的人們，如果生存在武帝時代，恐怕也不會有好果子吃，讚歌唱得不好聽，照樣殺頭。

上司有命令開槍的權力。身為士兵，你必須開槍，但是，你有抬高一公分以打不準的權力。面對一個無辜的人，一個同類，首先，你是一個人，你需要有良知。如果甘為鷹犬和工具，泯滅了人性，則永遠不可能當一個人。

能充當主子的工具，在一些人眼裡，還是十分榮耀的。他們認為，出賣了靈魂，總對自己有好處。其實未必。當然，如果有些人以充當工具為使命，或者為欲當工具不得而悲傷者，那是人類中的另類，這已經超出了我的思維範圍了。

忠臣的困境

忠臣的困境

　　周朝的時候，天子分封諸侯建國，故稱封建。那時的分封對象，除了宗族，更多的是有功之臣。秦始皇統一六國後，他聽從丞相李斯的意見，推行皇權專制，不再分封，讓儒生們很不高興，認為這有違古禮。事實上，這是非常明智的決策。劉邦坐天下後，大封同姓王，迫於形勢，也分封過不少異姓王，如韓信、英布等；但是，不久後都以各種理由予以取締。臨死前告誡群臣：「非劉氏而王者，天下共擊之。」劉邦死後，老婆呂后執政，硬幫娘家人封了幾個王。但在呂后死後，呂姓王全部被血洗。漢代的所有王國，從此都是自家人了。

　　只是人性不善，在權力面前，自家人同樣不可靠，以後造反的吳王劉濞等人，都是他們劉家的。

　　說起這個劉濞，他是劉邦哥哥劉仲的兒子。劉邦當了皇帝之後，將當了大半輩子老農民的哥哥劉仲封為代王。代地靠近匈奴，當匈奴進攻時，劉仲沒見過這陣勢，一跑了之。如果換成別人，這是要殺頭的。劉邦只好將哥哥降為侯。後來，淮南王英布造反，劉邦親自率兵征戰，劉仲的兒子劉濞當時二十歲，年輕勇敢，跟隨叔父征戰，立了戰功。於是劉邦就封姪子劉濞

為吳王,地域有三郡五十三城。吳國是塊寶地,有銅礦可以開採,又有海水可以煮鹽,所以人民十分富裕。

劉邦死後,惠帝、呂后先後執政。到孝文帝劉恆時,吳王劉濞的太子到首都,與皇太子一起。堂兄弟倆在下棋時,發生了爭執。因為吳太子沒有禮讓皇太子,皇太子就拿起棋盤將吳太子打死了。吳太子的屍首被運回吳國。劉濞得到兒子的死訊,當然非常傷心,又無法發脾氣,只好對下屬發怒說:「我也是劉家人,兒子在長安死,就在長安葬,送回去。」於是又將兒子的屍首運回長安安葬。從此以後,劉濞就稱病不再去長安盡藩臣之禮了。皇帝知道堂兄是因為兒子死了的緣故,並非真的生病。所以,以後凡是吳王的使臣到長安辦事,都把他們關起來。吳王害怕了,覺得自己不安全,現在的皇帝對自己不放心,將來太子即位,他是打死自己兒子的人,還會給自己好果子吃嗎?所以,就準備建立武裝力量以自保。秋天時,吳王又派了一個使者到長安向皇帝問候,面對皇帝的責難,使者說:「吳王的確沒有生病,這是因為陛下將他派來的使者都關起來的緣故。以後他不來覲見,是怕陛下會殺他,所以做一些無聊的舉動,還望陛下讓事情重新開始為好。」文帝認為使者說得有道理,就將所有關押的吳國使臣全部釋放,表示對以前的事不再追究,並賜給吳王几杖,認劉濞堂兄為長者,免去來長安的覲見之禮。能得到這樣的結果,吳王很高興,也就放棄了武裝自保的想法。

忠臣的困境

吳王在自己的地盤裡，因為得山海之利，百姓無賦，很得民心。對王國內的讀書人，他十分關照。時間久了，劉濞大概也有點得意忘形了，開始自大起來，別的郡國有犯人逃到吳國，他也拒絕交出。就這樣，吳王管理吳國四十多年，非常得民心。

事實上，如何解決分封王國與中央政權的矛盾，一直是皇權政治的一大難題，從秦始皇開始，我們折磨了兩千多年，也沒有得出一個好結果。撇開成敗利鈍不說，李斯的做法還是最好的，就是不立藩國，只因秦朝短命，這個榜樣沒人學。好像一個只活了三十歲的人，即使他有最好的健身長壽法，也一文不值。

時勢造英雄。時代有什麼需求，就會有什麼人出現。這時候，一個叫晁錯的人物得到了重用。他是李斯一般的人物，只是沒有遇到秦始皇這樣的皇帝。他上書漢文帝，認為吳國有過，要削弱它。文帝寬厚，沒有照辦。景帝即位後，晁錯升為御史大夫，他對景帝說：「當年高祖分封藩國，是沒有辦法。現在吳王稱病不朝，依古法是要殺頭的。王國強大了，謀反是遲早的事，我們削不削都一樣。現在削藩，他們反得早，災難小；削得遲，災難大。」景帝認為有理，於是開始準備推行削藩政策：尋找罪名，減少封地。對楚王，削其東海郡；對吳王，削其豫章郡、會稽郡；對趙王，削其河間郡；對膠西王，削其六縣。

這邊政令未出金馬門，那邊早就風聞了。看到他們一個個

都被削弱,下一個當然將輪到自己,吳王劉濞知道自己的命運。所以,首先派人去各王國聯繫,楚王劉戊、趙王劉遂、濟南王劉辟光、淄川王劉賢、膠西王劉昂、膠東王劉雄渠等六國有回應。為了有一個正當的理由,他們提出起兵的口號是「誅晁錯,清君側」。這個口號,後來在明朝也被燕王朱棣用過。不同的是,七國沒有成功,朱棣成功了。七國一齊動手,將王國內的漢朝派遣官員俸祿二千石以下的全部殺死,一起造反,全國震動。

七國之亂,是劉家內部的權力鬥爭,與百姓並無什麼相干,不得人心。因為漢代政權建立以來,儘管上層咬得昏天黑地,但對下面實行的是無為而治的寬鬆政策,百姓生活得以安逸。所以,人心思定,並無造反的社會基礎。叛亂儘管來勢洶洶,三個月後,七國之亂大致平定了。

在這場七國之亂歷史事件中,最大的贏家是漢景帝。叛亂一結束,削藩就順理成章,皇權更為鞏固。最大的輸家卻是忠臣晁錯,他一心為漢家穩定著想,最後卻連自己的命也沒有保住,被朝服斬於市,而且連累了全家人被滅族。

晁錯的削藩政策無疑是有利於國家安定的。但是,晁錯為人峭直刻深,與同僚的關係都不太好。為了削藩,他一口氣發表了三十個政策,引起諸侯的恐慌。晁父特地從穎川趕來,埋怨兒子做了蠢事。晁錯說他這樣做,是為了皇家安寧。晁父說,劉家安寧了,但是晁家危險了。這個老人回家後,怕兒子連累

忠臣的困境

自己,就服毒自殺了。十天後,七國謀反。幾天後,為了「清君側」以堵七國之口,皇帝果然誅了晁錯和其家族。當然,晁錯的死依然沒有換來七國的罷兵。最後,還是實力說了算。終漢兩朝,藩王的外部危機一勞永逸地解決了,代之以宮廷內外戚或宦官的專權。

每次讀〈酷吏列傳〉中的晁錯,看到這位忠臣兼酷吏如此的下場,總不免為他抱不平,更為晁父傷心。晁家的鮮血成為向前滾動的歷史車輪的潤滑油。身為忠臣的晁錯如此結局,值得嗎?是改革政策太過激烈、是人緣不好,還是自己的身分之故?如果他是皇族,也會被處死嗎?

在皇權制度下,與庸官與奸佞相比,忠臣最不安全。

弱者的公正夢

俠客,是成年人的白日夢,以前只在小說中飛來飛去,現在是在銀幕上飛來飛去,讓人們沉浸於虛幻的快意恩仇中,暫時忘記腳下現實的大地。我對這些東西毫無興趣,看過幾部,受不了。

俠客自古就有。司馬遷濃墨重彩描寫的戰國四公子,就是四大俠客,他們是王室成員或貴族,所以名氣特別大。到漢代的時候,有朱家、田仲、王公、劇孟、郭解等下層俠客。他們之所以被當時人所景仰,並非現在銀幕上所展示的那樣,是倚仗超人的武功,而是他們的品行端正,做事講理。雖然屢屢為當局所忌憚,但在民間,依然有巨大的號召力。

俠客郭解是漢代軹地人。他的父親也是一個俠士,孝文帝時被政府鎮壓。郭解身材短小精悍,不飲酒。年輕時,常常聚眾鬥毆,鑄錢掘墓,做了很多違法犯罪的勾當,名聲不佳。幸虧運氣好,遇到國家大赦,以前的罪孽一筆勾銷,沒有被關進去。及至年長,痛改前非,折節為儉,以德報怨,逐漸累積出很高的威信。一些小流氓也以郭解為榜樣,常常偷偷替他做事,而不讓他知道。

弱者的公正夢

郭解姐姐的兒子仗著舅舅的名望，有點得意忘形。與人喝酒時，拚命灌別人酒，非要讓人喝醉不可。有一次，他又如此灌人酒時，對方拿刀將他捅死，隨即跑了。政府抓不到人，成了無頭案。郭解姐姐很生氣，對弟弟說，外甥被人殺了，居然找不到凶手報仇，你有面子嗎？姐姐故意不埋葬兒子，以羞辱郭解。郭解大概了解凶手的去向。凶手害怕了，主動跑到郭解家投案，告訴他事情的真相。郭解說：「你殺得對，是我外甥的錯。」郭解放過了凶手，不再追究責任，然後親自埋葬了外甥。此事傳開後，大家都認為郭解做得公平，他的社會聲望更高了。

洛陽有兩家人結了仇，當地的十幾個大人物，曾先後應邀去調解，都沒有成功。有人來請郭解出面。於是郭解在夜晚去調解，仇家終於同意和解。郭解對兩家人說：「你們要將原先來勸解過的人請回來，說同意他們的意見，千萬不能說是因為我才同意調解；否則，這些鄉紳賢德臉上會難堪的。」

郭解名聲大了，但為人更加謙恭和低調。到政府機構去辦事，他從來不坐大馬車。到周邊郡國替人調解，能辦的，當即辦；不能辦的，也向人說明理由，不讓對方難堪，然後才會接受他人的宴請。所以，各地的頭面人物，都以認識郭解為榮，調停大事糾紛，常常以請到郭解為幸。本縣的小流氓和周邊地區的豪強大族們，常常半夜三更找到郭家，請他去自己家做客，為自己增光。在當地，非達官貴人、豪門大族而獲如此尊敬者，唯郭解一人而已。

後來，漢武帝為加強中央調控能力，實行強幹弱枝政策，命令全國的富豪都徙居首都旁邊的茂陵地區。郭解家事實上很窮，但是官府害怕社會輿論，不得不將郭解列入遷徙之列。大將軍衛青為此曾專門向漢武帝說情：「郭解家裡窮，不符合遷徙的政策。」武帝說：「一個普通平民，居然驚動了大將軍為他說情，難道不正說明他家是富豪嗎？」最終還是將郭解遷徙到茂陵。當地頭面人物紛紛送禮給郭解，禮金達一千多萬。軹地政府提出，要郭解遷徙的官員是楊季主的兒子，並辦理了郭解的遷徙手續。郭解哥哥的兒子因此將楊季主的兒子砍了頭。從此，楊家與郭解結下了仇。

　　郭解移民到關中地區後，當地的賢豪之士，不管認識或不認識，都爭相與他結交，「我是郭解的朋友」成為一種社交時尚。郭解身材短小，不飲酒，出門也沒有車騎，非常平民化。不久，楊季主被人殺死。楊家人去長安申訴冤屈，結果去申訴的人又在首都被人殺了。武帝知道後，認為是郭解指使人做的，下令逮捕郭解。

　　郭解得到消息，開始逃亡。他將母親和家裡人安置在夏陽，隻身逃到了臨晉。臨晉的籍少公並不認識郭解，郭解就自我介紹，要求放他出關。籍少公將他放行後，郭解輾轉到了太原。郭解在經過之地，毫不隱瞞地說出自己的姓名和行蹤。所以，官吏順藤摸瓜找到了籍少公。籍少公不願說出郭解的行蹤，自殺了，線索才到此中斷。後來，郭解還是被官府逮捕。審問了

弱者的公正夢

很久,得到他很多犯罪事實,也有殺人的案子,但全都是大赦以前所犯,所以無法定罪。

汉卫青墓

郭解老家軹地的一個儒生和皇帝的使者等人一起閒聊,其中一人盛讚郭解急公好義,是個好人。儒生說:「郭解專門做違法犯罪的事,怎能算是賢明好人?」郭解的追隨者知道了,將這個儒生殺了,並割了他的舌頭。官吏以此責問郭解,但是,郭解完全不知情。殺儒生的人也沒有出來承認,一時成了無頭案。官府沒辦法,上報武帝,準備將郭解無罪釋放。

會議上,大臣們各抒己見。御史大夫公孫弘認為郭解身為普通百姓,任俠行權,調解糾紛,於政府並非好事。何況,為一點點小事就殺人,雖然不是郭解所殺;但是,都是因為郭解

而起,實際上比他本人殺人還要嚴重。對他,應當以大逆不道的重罪論處。漢武帝同意他的意見,於是判處郭解和其叔伯兄弟等所有人死罪,滅族。

郭解之死,是因為他的所作所為挑戰了君王的權威,並非罪有應得。郭解一直以民間公正維護者的面目出現,代表了社會的一種力量。任何時代,政府都無法壟斷一切社會資源,民間的力量,有時更有效、更受人歡迎。但對君王而言,權力、思想、財富、公正等,只有自己壟斷了,才會覺得安全,任何對此作出挑戰者,總得想方設法予以剷除;而俠客,正是他們所不放心的。

當然,君王不喜歡,並不代表民眾不喜歡。人們對俠客的企盼,實際上寄託了底層弱者對社會公正理想的追求。只是後來的所謂俠客,與司馬遷時代的郭解相比,是每況愈下,只能在天空中飛來飛去,永遠落不了地,俠客夢也變成了白日夢。

底層民眾的白日夢,無分東西與黑白。即使是沒有君王的當代美國,民眾照樣有俠客夢,他們寫得最好的「武俠小說」,是馬利奧・普佐(Mario Puzo)的《教父》(The Godfather)。不過,他們的拚殺武器,不是用劍,而是槍和美元。

孔子 —— 華美的瓷器

寫中華文明,不可能繞開孔子。

真正讀完《論語》,還是上大學以後的事,《論語》是真正展現孔子思想的書,我不覺得有多少深奧的理論,不過是一些家常話而已。但我認為這個老頭子的確非常可愛,有學問,會唱歌,會駕車,會射箭,時髦的東西一樣不少。聽到好話他高興,講他壞話他罵髒話,看到美女也興奮。這樣的能人和潮人,的確有趣,如果能當他的學生,也十分榮幸。

事實上,他身後所有封王封聖的人間榮耀,與他本人都毫不相干,只是與他在世時受到的冷遇,形成一個非常鮮明的對比。

孔子學說的核心是禮,是強調等級有別的仁愛。平等意識,似乎沒有。契約精神,更沒有。他認為什麼都可以變通,目的正確了,方式似乎不重要。孔子的學說,是一個精美的瓷器。如果房子建好了,家具也有了,當個擺設非常合適。如果是戰亂時期,到處顛沛流離,帶著這個瓷器,反而是個累贅。

到了孟子,他也正氣浩然地宣傳王道,所言「迂遠而闊於事情」,問題是沒人相信、沒人照辦。他的運氣跟孔子一樣,也不好。但是,《孟子》作為一個學說,作為「百家」之一,在當時有

一定的市場。

　　後代習儒者代不乏人。叔孫通是薛人，秦時以文學徵召，為待詔博士。陳勝起義於大澤，盜賊蜂起，二世在廷上問怎麼處理，三十多個博士儒生說：「這是造反，請陛下發兵剿滅。」二世大怒。叔孫通趕緊說：「他們都胡說八道。現在四海一家，皇帝英明，人民幸福，天下和諧，誰會造反？有幾個偷偷摸摸的人，不足掛齒，叫小吏去辦就夠了，不必勞陛下操心。」二世說：「說得好！將那些說造反的人，都法辦，為叔孫通封官，賞衣帛。」他的學生們說：「您怎麼這樣拍馬屁？」叔孫通說：「我差點沒命。」於是逃走了。他先後追隨過義帝、項羽等造秦皇反的人。

　　後來，叔孫通跟定了劉邦。劉邦討厭儒服，他馬上換上短衣楚服，劉邦很高興。

　　跟從叔孫通的儒生弟子有一百多人。但是，叔孫通從來沒有向劉邦推薦過，他推薦的，都是打打殺殺的強盜勇士。儒生們不高興：「我們追隨您這麼多年，總得為我們想想。」叔孫通說：「現在漢王需要的是拿起武器能打仗的人，你們能做得了嗎？你們等著，我不會忘記。」

　　劉邦奪取天下後，群臣飲酒爭功，醉或狂呼，拔劍擊柱，整天老劉老劉地叫，沒有一點規矩，劉邦十分頭痛。叔孫通對劉邦說：「夫儒者難與進取，可與守成。我願意為陛下制定朝廷禮儀。」

孔子─華美的瓷器

叔孫通奉命到魯地去徵集懂禮儀的儒生三十多人。有兩個儒生不願去，說：「您服侍過十個主子，靠的都是拍馬屁。現在天下初定，死者未葬，傷者未起，民生艱難，禮儀是不急之務，為什麼要做這些？您走吧！不要來玷汙我。」叔孫通笑道：「這是沒有見識、不知時變的腐儒。」

在叔孫通一班儒生的訓練下，君臣的禮儀終於完成，「自諸侯王以下，莫不振恐肅敬」。劉邦大喜，說：「我今天才知道當皇帝的尊貴！」飲水思源，於是將叔孫通封為太常之官，賜金五百斤。叔孫通乘機向劉邦說：「我還有一幫弟子跟隨多年，這次禮儀制定，他們也出了大力，希望陛下也讓他們為朝廷服務。」劉邦當然同意，將他們全部封為郎官。叔孫通一從朝廷出來，馬上把五百斤金分給跟隨他多年的儒生郎官們。這些儒生非常高興：「老師啊！您是真正的聖人，總知道與時俱進。」

但是，劉邦、孝惠、呂后、孝文、孝景時代，雖然儒生間有任用，並未成氣候，整體還是好黃老之術，清靜無為。孝景時代，竇太后好《老子》書，有一次問轅固生這本書如何？轅固生說：「這是普通人的平常話罷了。」太后怒道：「難道還不如一本法律讀本重要嗎？」命人把他丟到動物園中餵野豬。景帝知道轅固生這人性直耿介，無罪，就給了他一件兵器。轅固生幸運地將野豬刺死了。太后沒辦法，但還是罷了他的官。後來，景帝認為他廉潔正直，又讓他當了清河王的太傅，直到他生病回家。

武帝即位以後，向天下徵召賢良之士，人們又推薦了轅固生。但是，儒生們都詆毀他，說他九十多歲、太老了。同時被徵的還有儒生薛人公孫弘，他很不服轅固生。轅固生對他說：「你要做個正直的人，不要曲學阿世。」

　　但是，公孫弘以後的所作所為，與轅固生所期望的，剛好相反。不過，這個儒生卻得到武帝的重用，成為丞相。以後董仲舒的學說受到器重。在武帝的倡導下，黜免百家，獨尊儒術，漸漸地，儒學終於成為漢代的主流思想。

　　以後的歷代皇帝們，覺得孔子的學說最貼心，也都依樣畫葫蘆，不斷神化儒家學說，神化孔子本人，最後奉之為唯一的宇宙終極真理，任何對儒家學說有異議的言論，都是大逆不道的異端邪說。因此而遭受當局迫害的，兩千年間，不知凡幾。可以說，將儒家學說定為獨尊之後，中華思想的發展，基本上是停滯的。我們當然不能說孔子要對此負責，但是，這個局面是因尊孔造成，則是毫無疑義的。因為儒家強調德治為先，所以，造就了一代代的偽君子。直到清代廢除了科舉，五四新文化運動興起，在民主和科學的旗幟下，才將孔子請下了神壇。

　　不過，走下神壇之後，身為一個老師，孔子還是不錯的，他的《論語》，我也經常翻。我最喜歡的其中一句是：「己所不欲，勿施於人。」

素封，真實的謊言

　　人是物質的，也是精神的。司馬遷〈貨殖列傳〉的偉大，在於真實地道出了人類的困境：不論你道德品格有多高尚，不管你是君王還是小民，生存的基礎，永遠是物質的。沒有物質基礎，所有的宗教與藝術、思想與精神、自由與尊嚴，都無法依附。追求財富，幾乎是人的本能。天下熙熙，皆為利來；天下攘攘，皆為利往。

　　司馬遷非常坦率地承認：「神農氏以前的事情，我不清楚。但是，從《詩經》時代以來，我知道人人都追求口腹聲色的享受，這是人的本性。」所以，最好的辦法，是遵循這個規律，其次是以利誘導，再次是教育，第四是以制度規範，最差勁的辦法是與這個本性對抗，只唱道德的高調。他非常肯定地說：「倉廩實而知禮節，衣食足而知榮辱。」

　　人的管理，就是欲望的管理。人一要生存，二要自由，這兩個根本的欲望，都離不開物質的條件。追求財富，並非壞事。

　　老子認為，最好的社會，是鄰國相望，雞犬之聲相聞，老死不相往來。這是開倒車的做法，讓人重回愚昧時代，不可能實現。

孔子的學說，從本質上來說，是造就一個偉大的烏托邦。之所以在前期能得到廣泛的傳播，是因為他有一個好學生子貢，而子貢恰好是個富人。孔子七十二著名弟子中，子貢是個大商人，最富有，出門都是結駟連騎，接待都是諸侯國君。所以，對孔子學說的宣傳，他的作用特別大。與孔子同時代的釋迦牟尼，創造了佛教，同樣，傳播者也主要靠國王和商人，他也與兩者關係最好。在當時情況下，知識只有依靠權力和財富才能得到傳播。

司馬遷以非常冷峻的目光，回顧以前的三千年中華文明史，對這個喧鬧的世界，以十幾個財富故事告訴後人：創造財富的人，才是真正改變世界的人。

司馬遷寫了范蠡、白圭、猗頓、烏氏倮、蜀卓氏、程鄭、宛孔氏、曹邴氏、師史、宣曲任氏、橋姚、無鹽氏等全國有名的富人故事。他們大體可以分為四類：勤勞節儉型、商業運作型、科技創新型、政治賭博型。當然，能長久富裕之家，常常是幾個因素的綜合所致，並非單一致富者。

宣曲任氏是勤勞與節儉致富的典型。任氏的先人，是國家糧庫的官員。以前的國王、貴族、官員基本上是世襲，到秦朝時，任家依然當糧管所所長。當秦末大亂時，別人搶著存放金錢珠寶，任氏只窖藏糧食。後來楚漢相爭，相持於滎陽，戰爭經年，老百姓無法耕種。所以，一石米達到萬金的天價，任氏因此發了一筆國難財。戰爭結束後，任氏成為貨真價實的富

素封，真實的謊言

翁。但是，這個富翁依然不改本色，非常節儉。別人買田地、牲口常常貪便宜，任氏從來不這樣，他都買最貴、最好的田地與牲口，生產效率高，產出多，所以幾代都是富戶。儘管如此，任家的家規依然嚴格：不是自己家生產的糧食布料不吃不穿，公事沒做完，不得飲酒吃肉。他們一家是當地人的榜樣，大家都非常敬重任家。

冶煉，是當時的先進技術，鐵器，是最先進的產品。邯鄲郭縱、程鄭、宛孔氏、曹邴氏，都靠冶鑄發家，富甲王侯。蜀地的卓氏，原先在趙國以冶鐵起家，是個富翁。秦滅六國後，卓氏財產被秦國沒收，人員也被要求遷徙。卓氏夫婦只好推著輦車，跟著遷徙大軍前進。被遷徙的人中，有錢的都紛紛賄賂

官員，希望留在離家鄉近一點的地方，靠近葭萌就滿意。只有卓氏不這樣做，他認為，此地狹窄貧瘠，不宜生產和貿易，反而要求遠遷。到了臨邛，他發現了鐵礦山，就在這裡住下，重操舊業，以先進的技術開採、冶煉鋼鐵，開展貿易，逐漸又成為富翁，家童千人，富可敵國。

貿易流通一直是致富的重要管道，古今中外皆如此。洛陽處於經濟中心，因從事商業而致富的人非常多。許多窮人，都將經商視為改變命運的方法。他們常常長途販運，賤買貴賣，以從中獲利。其中的師史最有名，他常年長途販運的大車就有幾百輛，分別行走於各郡國之間，為了趕時間、爭利潤，常常數過家門而不入，他家有資產七千萬，是全國聞名的富豪。

橋姚也靠做貿易起家，他做的是邊境貿易，以中原的物資與北方游牧民族交換牲畜產品，從中牟利。到了漢朝政府開拓邊疆的時候，橋姚已有馬千匹，牛幾千頭，羊上萬隻，家中貯藏糧食數以萬鍾，成為當地鉅富。

政治賭博型的致富，〈貨殖列傳〉中僅有一例。漢朝景帝時，吳楚七國叛亂，東方震動。中央政府出兵平叛，命令首都長安中列侯封君都要上前線。置辦馬匹、鎧甲、軍械都需要錢，事發突然，從軍的人只好倉促募資。因為叛亂在關東地區，大家對中央政府能否迅速平定叛亂心存疑慮，也怕參戰者身死沙場沒人還錢，所以，當地的私營錢莊都不敢向外借錢。只有無鹽氏膽子大，他借出了千金，但利息是平時的十倍。幸運的是，

素封，真實的謊言

這場平叛戰爭只用了三個月，就以中央政府的完全勝利結束，無鹽氏借出的錢和利息全部收回，所以，一年之間，他就驟然發家，躋身關中鉅富排行榜。

從歷史看，主導社會的力量，不外是暴力（即權力）、財力和智力。文明進步的展現，是後兩者產生的作用越大、前者的作用越小。因為財富和智力創造，都以限制王權、尊重私產、平等契約為前提，如果權力隨時可以剝奪財富，富人就無法長期生存。歷代王朝，即使和平時期，王權對富豪們的財富掠奪也時常發生，除了權貴之家，富戶很難久存。加上王朝更換頻繁，私有財產更得不到保障，財富最後都被權力者通吃，知識也只為權力服務，結果是「萬財歸權」、「萬智歸權」。所以，社會形態總是呈低水準的循環狀態，產生決定性作用的，依然是最低層次的暴力。

司馬遷說，億萬富翁可以與王者同樂，他們是不戴王冠的王者，即所謂的「素封」。如果真的能實現財富與權力的平等，那社會就真的有希望了。但這位先哲沒有料到的是，在此後漫長的歷史裡，我們並沒有多少進步，他的預言，也成為一句真實的空話。

以後的兩千多年，在王權更替中唯一能保持富貴的，僅孔子一家，是貨真價實的「素王」。代價是，孔家喪失了祖先的尊嚴和自由，徹底淪為權力的工具。

生子當如博望侯

我一直懷疑，能夠創造夸父逐日神話的民族，怎麼會缺少萬里遠征的孤膽英雄。漢有張騫、蘇武、班超，晉有法顯，唐有玄奘，但此後，就如晨星寥落。我相信，這樣的人，漢以前肯定不少，只是缺少像司馬遷這樣的歷史學家的記載，他們的事蹟就像當年的恐龍一樣，消失在萬里黃沙中，從此不為人知。

出現在我們視野裡的第一個英雄，是張騫。

張騫是漢中人，武帝建元年間擔任郎官。漢王朝為了徹底解決匈奴邊患，決心與這個飄忽不定的游牧民族決戰。有情報說，匈奴人打敗了月氏，將月氏王的頭顱製作成飲器，月氏的殘部逃往遠方，一直想報仇。漢武帝認為，如能聯合月氏，與他們共同夾擊匈奴，是最好的選擇。聯繫月氏，必須要經過匈奴占領區，風險很高。於是，國家公開招募使者。張騫慨然應募。建元三年（西元前138年），他以大漢皇帝的特使身分，去往月氏國。

當時隨從有一百多人，堂邑氏的西域人甘父也同行。張騫一行從隴西出漢關，進入了匈奴人控制地區，被扣留。張騫被送到匈奴最高領袖單于處，單于不讓他們走，說：「月氏在我們

的北面，漢使如何能去？如果我要派使臣經過大漢去南方的越國，漢皇帝會同意嗎？」張騫被迫留居胡地十多年，匈奴讓他娶妻，妻子也生了兒子。但是，張騫一直不肯放棄初衷，隨時保留著「漢節」。

「節」是代表皇帝身分的信物，由使臣持有。漢節「以竹為主，柄長八尺，以犛牛尾其眊三重」。漢一尺約合今二十三公分，可知節是高 180 公分，束有三重用犛牛尾製的節旄。以後的蘇武，身為漢使，同樣也不放棄漢節，表示了對故國和皇帝的忠誠和不屈的氣節。

後來，匈奴人的看管鬆懈了，張騫就和他的部屬逃離匈奴，向月氏方向奔走。向西走了數十日，到了大宛。大宛國知道大漢富裕文明，十分嚮往，一直想聯繫而不得。見到張騫等人到來，非常高興，問：「你們要去哪裡？」張騫說：「我們是漢皇帝的使臣，準備去月氏國，路上被匈奴人禁錮。這次逃出來，希望大王能派個嚮導給我，如果能到達月氏，我回去後，大漢天子一定會給你們重賞。」大宛王當然相信。他專門為漢使團派了嚮導，一路上由當地政府接待。到了康居國，該國王又派人將漢使團送到了月氏國。大月氏王被匈奴殺掉後，他的兒子已經為王，國人也遷徙到了大夏，這裡土地肥沃，生活安逸，沒有災害，他們根本沒有了報復匈奴的雄心。張騫反覆勸說，都無法打動月氏王的心。在那裡逗留了一年多，張騫等人無功而返。

返回途中，經過匈奴地區，又被他們扣留。過了一年多，匈奴老單于死了，國內為爭奪王位發生了動亂，元朔三年（西元前126年），張騫乘機帶著胡妻、隨從堂邑甘父回到故國。這一次出使，先後計十三年，去時使團有一百多人，回來的，只有張騫和堂邑甘父兩人。

張騫體魄非常強健，為人也寬仁大義，就算是匈奴等外國人也都喜歡他。他的隨從堂邑甘父本來就是西域胡人，善於射箭，在斷糧時，全靠他射擊禽獸維生。回國後，漢武帝為表彰他們的功績，封張騫為太中大夫，堂邑甘父為奉使君。

這次張騫出使，沒有完成既定任務，但是，張騫的使團到過匈奴、大宛、大月氏、大夏、康居等國，對西域的地理、物產、風俗習慣有了詳細的了解，他將蔥嶺東西、中亞、西亞，以至安息印度諸國的位置、特產、人口、城市、兵力等，都向皇帝做了詳細匯報，為漢朝開闢通往中亞的交通要道，提供了寶貴的資訊。司馬遷稱張騫的壯舉為「鑿空」，對以後舉世聞名的絲綢之路的開闢，具有劃時代的意義。

在以後漢朝對匈奴的戰爭中，張騫充當隨軍嚮導，建有軍功，封博望侯。

元狩四年（西元前119年），漢武帝再任張騫為中郎將，率三百多名隨員的外交使團，攜帶馬六百匹，牛羊金帛萬數，浩浩蕩蕩地第二次出使西域。此次出使，因為匈奴已被逐出漠北，大漢國威大增，使團一路備受歡迎。為擴大與各國的連

生子當如博望侯

結，張騫派遣副使分別赴大宛、康居、大月氏、安息、身毒、于闐等國，展開外交活動，足跡遍及中亞、西南亞各地，使者最遠到達地中海沿岸的羅馬帝國和北非。張騫等人的出使，擴大了漢朝的影響力，提升了漢朝在諸國中的形象。

第二次出使返回後，張騫官拜大行，位列九卿。次年，元鼎三年（西元前 114 年），外交家、探險家張騫去世。這位誕生於西元前 164 年的人，只活了五十歲，他為漢民族創造的業績，卻足以讓後人萬代景仰。

由於博望侯張騫在西域的崇高威望，以後出使的人，都稱博望侯，以藉助他的影響力。有確切記載的、走向世界的古中國人，張騫是第一個。

西漢名將陳湯上書皇帝說：「明犯強漢者，雖遠必誅。」這樣豪邁的語言，在漢以後的時代裡，沒有再現。張騫能夠「鑿空」，一方面是他的品格和能力，另一方面，也倚仗了強大的大漢作後盾。漢代，是陽剛與英武的時代，長達幾十年的驅逐匈奴之戰，大大地拓展了漢民族的生存和發展空間，提高了漢人的國際地位，中華民族也因此得名；但是，漢武帝好大喜功，缺少平等之心，渴望「萬邦來朝」，為了得到西域各國的「朝貢」，只講排場，不講經濟，其間所費，不可勝計，弄得國貧民疲。

宋代辛棄疾說：「生子當如孫仲謀。」孫權，不過是內戰的軍閥而已。生子當如博望侯，才是我們的企期。

以己任為天下

如果對全球的所有歷史學家進行排名，司馬遷應是當之無愧的第一：一是他寫了東方三千年的文明史，二是他開創了紀傳體歷史的新時代，三是他的思想光芒一直燭照著東方文化兩千多年而不衰。號稱西方「歷史之父」的希羅多德，著有《歷史》一書，他被稱為西方史學與文學的奠基人，但是他除了比司馬遷早出生三百多年之外，《歷史》在其紀錄長度、真實性、文學性和影響力上，根本無法與《史記》相提並論。

司馬遷，字子長，漢代偉大的史學家、思想家、文學家，夏陽（今陝西省韓城市）人，他的《史記》，記載了上自古傳說中的黃帝時代，下至漢武帝太初四年（西元前 101 年），共三千多年的歷史。全書包括十二「本紀」、三十「世家」、七十「列傳」、十「表」、八「書」五個部分，共一百三十篇，五十二萬六千多字。司馬遷以其「究天人之際，通古今之變，成一家之言」的史識，使《史記》成為中國史學著作的「絕唱」，對後世的影響極為深遠。後世尊稱其為史遷、太史公、歷史之父。

司馬遷有身為偉大史學家的條件：司馬家世代貴族，史學世家，父親司馬談是歷史學家，曾任太史令，他把修史視為自己

以己任為天下

神聖的使命,可惜壯志未酬,司馬談將這個遺願鄭重地交給了兒子。司馬遷從小就受到良好的教育,具有一個卓越史學家充分的學識;他二十歲即壯遊全國,他遊江淮、探禹穴、涉汶泗、浮沅湘、過梁楚,後來還西征巴蜀、南略邛筰,走遍故國的大好河山,深入體察山川、人情、風物,為他以後著史打下了堅實的基礎。寫人狀物,無不如臨其境;司馬遷繼承父職當了太史令,有接觸皇家圖書的便利條件,得到當時大量的第一手資料;更為重要的是,身為史學家和思想家,司馬遷有強烈的使命感,他認為,周公死後五百年有孔子,孔子死後也有五百年了,總結和傳播中華文明前三千年的使命,神聖而莊嚴地落在了自己頭上,「小子何敢讓焉!」

正在勤奮寫作時,天漢二年(西元前99年),司馬遷慘遭「李陵之禍」。在與匈奴的戰爭中,名將李陵戰敗被俘。在當朝袞袞諸公眾口一詞的討伐中,司馬遷為「有國士之風」的李陵講了幾句公道話,不料卻忤逆了漢武帝之意,被捕下獄。後來,又有消息誤傳,說李陵已經投降匈奴,在為他們練兵,漢武帝一怒之下,將李陵老母、妻子全部殺死。李陵得知消息,終於心灰意冷,絕了回國報效的念頭。司馬遷因此被判定死罪。當時,想要不死,有兩條路可走:一是以錢贖罪,二是接受腐刑,即被閹割。司馬遷無錢可贖,又不願意父親的遺願半途而廢,為了完成《史記》,於是接受了最大的屈辱——腐刑。

受刑後的司馬遷,忍受著常人難以忍受的巨大精神痛苦,

發憤著書，在征和二年（西元前 91 年），終於完成了偉大的《史記》。他讓中華前三千年的文明，栩栩如生地呈現在世界的面前，司馬遷也因此青史留名，萬世不朽！

　　司馬遷是真正的國士典範。他的目光，超越了他所處的時代。記錄歷史真相，探索文明發展的規律，以真達成善與美，是他追求的目標。他沒有認同暴政，認同強權，而是站在人類良知的立場上，寫他所看到的整個世界。他的身上，洋溢著最優秀士大夫的氣質，對自由和正義，有永不放棄的追求；對生命和尊嚴，有持之以恆的維護；對理想和信念的實現，有奮不顧身的戰鬥熱情；對人類苦難，有感同身受的深切憐憫。他置伯夷、叔齊於「列傳」卷首，失敗的項羽照樣列入「帝王本紀」，認定匈奴南越都是黃帝子孫，承認財富創造必將改變世界……他以自己的言行，為後世的士人樹立了一個崇高的榜樣：如何在時代的變遷中，保持自己的獨立和尊嚴。

　　什麼樣的人，會寫什麼樣的歷史。司馬遷寫《史記》，是為了「究天人之際，通古今之變」，是為了三千年來，從神權下走出來的偉岸者。皇帝與平民、將軍與士兵、貴族和奴隸，在司馬遷的筆下，都還原為同樣價值的人，所有人的努力，都是對自由和平等的追求。他筆下所頌揚的人物，都是陽剛的、豪邁的、挺立的、生動的，哪怕兩千年後，我們依然可以聽到他們在呼吸。《史記》教人明白，什麼才是真正的人！

　　司馬遷是一個真正的強者，他有強烈的悲劇意識，是真正

以己任為天下

懂得生命意義的人,所以他將《史記》譜成一曲曲英雄主義的讚歌。讀《史記》,不可不讀〈太史公自序〉和他寫給朋友的信〈報任安書〉。這兩篇文章,是解讀司馬遷內心世界最重要的鑰匙。每次展讀,都熱血沸騰,都為他堅強的意志、莊嚴的使命感所感動。別人以天下為己任,而司馬遷則以己任為天下:我是什麼樣子,世界就是什麼樣子;我不倒下,世界就不會倒下。他以《史記》,宣告了一個事實:捍衛自己生命尊嚴的,可以是死,更可以是完成自己的使命。即使在漢武帝專制的黑夜,也要點燃自由的星星之火。

史聖墓 2014.10.17 下午 拜謁,陝西,韓城。

我為什麼如此鍾情《史記》,非要從中華文明的源頭尋找現代性?是因為宋代之後、元明以下,士大夫都俯伏於專制王權

之下,獨立、自由、平等、誠信的民族精神消失殆盡,善良、陽剛、尊嚴、理性的人格特徵,已成稀有元素。

在 21 世紀,我們要融入世界,除了汲取人類的共同文明成果之外,必須在文化上實現鳳凰涅槃,這就得從自己清澈的文明源頭上重新出發。而《史記》,正是三千年文明匯聚成的靈泉活水,這裡有著與現代精神契合的無盡文化寶藏,是永不熄滅的精神燈塔。

陳勝：苟富貴，易相忘

陳勝是歷史上的知名人物，他有兩句最有名的話。一句是當傭工時說的：「苟富貴，無相忘！」另一句是起義時說的：「王侯將相寧有種乎？」

後一句他說對了，且他用自己的實踐證明，王侯將相誰都能當，陳勝本人就當了六個月的陳王。在他起義之後，項羽、劉邦等原非王侯而稱王、稱霸者數以十計，更多的造反者出將入相，而且當得也不比別人差；但前一句他講錯了，且自己也沒有做到。

陳勝為王後，原本的老朋友都找上門來。看到他住在華麗的宮殿裡，都驚嘆不已，陳勝當大王真闊氣啊！按照陳勝當年的想法，現在富貴了，應當給窮朋友一點好處。事實上恰恰相反，因為老朋友知道陳勝的底細，陳勝怕他們說出去有損自己的光輝形象，把他們全都殺掉了。

為什麼陳勝怕老朋友？問題在於造反初期的方式。

陳勝的起義，基本力量是九百戍卒。他本人是其中的一個小隊長，要統率這群烏合之眾，必須樹立威信。在非常時期，又要在短時間內樹立權威談何容易，他藉助的是「神」的力量，

將寫有「陳勝王」紅字的絲帛放在魚肚裡，然後讓戍卒買回來。又要吳廣去住宿地旁的神祠中，點鬼火做狐鳴：「大楚興，陳勝王！」這樣的造神運動，在當時的歷史條件下非常成功，不明就裡的戍卒們都在議論陳勝，認為他稱王是天意，所以在殺死朝廷軍官之後，對陳勝造反的建議「敬受命」。除了吳廣等少數人，誰知道陳勝幕後的舉止呢？他變成了神的代言人，成為王。而老朋友們不會相信這一套，因為他們和陳勝一起種過地，打過糧，知道陳勝的底細。陳勝當然不願真相大白於天下，只能將他們一殺了之。

陳勝的這一殺，為自己的短命埋下了禍根。他的舊部下不免兔死狐悲，也害怕延禍及身，一個個離他而去，他重用、信任朱房、胡武等輩，以苛察為務，動輒治罪，表面的威信是樹立了，但將士們再也不願效命。結果，眾叛親離，陳勝本人也被他的馬夫莊賈所殺。

身為一個領袖，要樹立自己的威信無可非議，問題是用什麼方式。在王權專制時代，所有的草莽英雄在奪得皇帝寶座之後，無一例外地開始造神運動，為的是讓百姓相信，他是天子，他的君權是上天授予，他當皇帝，不是靠兄弟們拚殺得來，而是老天爺早就安排好的。造神運動加上大刀砍殺，樹立皇帝的絕對權威，自然非常容易。

陳勝當了短短的六個月陳王，尚來不及回故鄉，也可能是不敢回故鄉。項羽與陳勝是同時代人，這位英雄也有名言，在

陳勝：苟富貴，易相忘

看到秦始皇出行的威儀時，感嘆說：「彼可取而代也！」項羽在推翻了秦帝國之後，就急吼吼地要回故鄉，他說：「富貴不歸故鄉，如穿著錦衣華服夜裡行走，誰知道呢？」有人評價：「人家說楚人是沐猴而冠，果然如此。」項羽聽到後，就把這人烹掉了。

相比之下，最後獲得勝利的劉邦回故鄉和對故人的態度，就顯得寬容、大度多了。他看過秦始皇，嘆息說：「嗟乎！大丈夫當如此也！」他在當了皇帝之後，回故鄉大宴故人父老，自作歌曰：「大風起兮雲飛揚，威加海內兮歸故鄉，安得猛士兮守四方！」在故鄉流連十餘日，盡歡而返。他並不諱言自己當年遊手好閒、不治產業，不如他兄長勤快。

陳勝如此塑造自己的光輝形象，到頭來，卻誰也不相信他是神。項羽當了五年的楚霸王，最後兵敗垓下。當別人勸他東渡烏江，招兵再戰時，項羽拒絕了：「我無顏見江東父老！」最後自刎而亡。連李清照也讚嘆他：「生當作人傑，死亦為鬼雄。至今思項羽，不肯過江東！」而劉邦呢？史書上說他是他媽劉媼和蛟龍在大澤之陂野合而生的，本身就是龍種。看來，陳勝是太急了一些，項羽也未免孩子氣了一點，要不，如果是他們當皇帝，蛟龍也會看上他們的媽媽的。

從歷史來看，造神是歷代王朝的專長。同時，苟富貴，易相忘，也是帝王們的一大傳統。

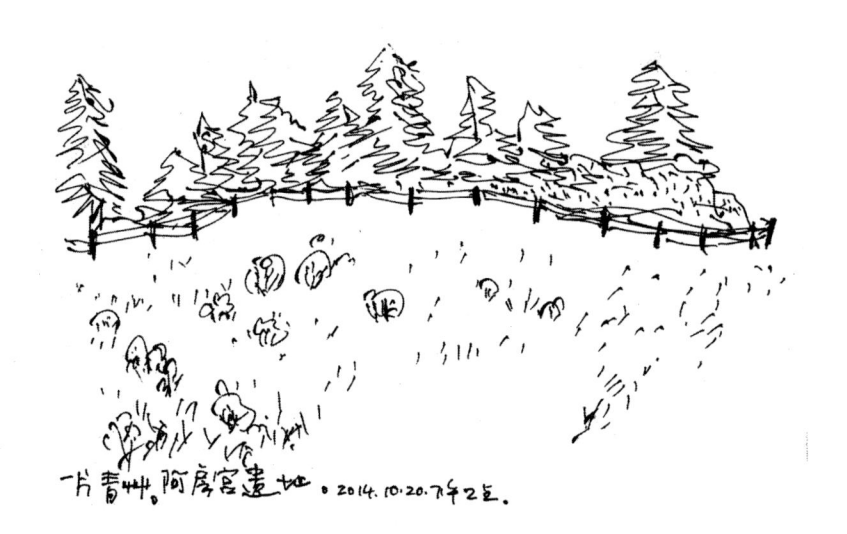

一片青草。阿房宫遗址。2014.10.20.下午2王。

趙奢、趙括：知人者智，自知者明

「知人者智，自知者明」出自老子的《道德經》第三十三章。當年樊遲曾問孔子：「什麼是智？」孔子說：「知人！」看來，兩位偉大的思想家對智者的定義，是完全一致的。讀《史記》，發現有知人之智者比比皆是，其中不乏功成名就之士。也有的，並無什麼建樹，名氣也不大，但知人的識見超群，眼光獨特，不能不讓人佩服。

陳平是漢丞相，年輕時窮困潦倒，娶不起老婆。當地的富翁張負在經過一番考察後，認為陳平不會是一個長期貧賤的人，堅定地把孫女嫁給他，不但送了一大筆嫁資，還告誡孫女不能因為陳家窮而侍奉不周。張負的判斷果然沒錯。世間從來是錦上添花者眾，而雪中送炭人少。張負的確是個奇人。

商鞅（即公孫鞅）的事業在秦國成就，他的變法，使秦國兵強國富，但他是秦國的引進人才，他起先在魏國相公叔痤手下做事，公叔痤十分賞識他。公叔痤病重時，魏王去探望，並問接班人的事，公叔痤推薦說：「商鞅雖然年輕，但可以擔任相國重任。」魏王默然不語。魏王臨走時，公孫痤又對他說：「大王如不用這個人，就殺掉他，不要讓他出境。」魏王同意了。公孫

痤在魏王走後,急召商鞅說:「今天國王問我誰為相國合適,我推薦了你,國王沒同意。我是先公後私,因而又對國王說,若不用你,就殺掉,他答應了。你趕緊跑吧!不要被他抓到。」商鞅說:「魏王既然不肯信你的話用我,又怎麼會信你的話而殺我呢?」商鞅沒有走,果然太平無事。不久,商鞅西入秦國,得到重用。十幾年後,商鞅率領秦軍攻打魏國,迫使魏國割河西之地求和,且不得不從安邑遷都大梁,以避秦國的鋒鏑。到這時,梁惠王才後悔道:「我恨自己當初不聽公叔痤之言。」這說明梁惠王對公叔痤也不甚知。而商鞅在知人上,更高人一籌。

廉頗、藺相如是《將相和》的典範。在趙國,藺相如被破格起用,就因為宦者令繆賢的推薦。繆賢先生向趙王推薦藺相如的理由是:「我曾經有罪,想逃到燕國去投靠燕王。相如勸止了我,認為趙強燕弱,燕王肯定會把我綁送回趙國。只有求大王開恩才是唯一出路。所以我知道他是個勇士,有智謀。」藺相如在奉和氏璧出使秦國中,不辱使命,完璧歸趙。後來又在澠池的趙、秦兩國首腦會議上,鬥智鬥勇,獲得了外交鬥爭的勝利。更難能可貴的是,藺相如恢宏大度,忍辱負重,不與廉頗意氣相爭,終於感動了老將,兩人從此結為刎頸之交。可以說,沒有繆賢,就沒有藺相如的功業。

知人難,難在預見的準確性。趙奢是員虎將,兒子趙括從小就學兵法,與父親辯論兵事,老子還要拜下風。但知子莫若父,趙奢仍然說:「趙國不讓他當將軍就罷了,如果讓他當,必

趙奢、趙括：知人者智，自知者明

定失敗。」藺相如也反對以趙括為將，認為趙括紙上談兵，徒有虛名。後來趙王中了秦國的計，任命趙括為三軍元帥，結果，數十萬大軍全軍覆沒。趙奢、藺相如雖有知人之智，卻無用人之權，只能徒喚奈何。看來，有知人之智的人，越是權高位重，就越能發揮作用。反之，人微言輕，縱能透視百年後事，亦無以用萬一。平原君趙勝先生自謂善識人，卻失之於毛遂，自此「不敢復相士」，可謂尚有自知之明。

相較而言，知人的智者眾，而有自知之明者寡。韓信是個軍事天才，縱橫天下無敵手，但在漢定有天下、人心思安之時，卻萌生反志，與陳豨相約「圖」天下，結果落得夷三族的下場。即使英明如廉頗者，亦有不明之時，他被免去趙國三軍元帥之職時，故人門客盡皆離去。後官復原職，故人門客又歸附。廉頗說：「你們都走吧！」門客說：「唉！你的觀念真落後啊！交友之道，與市場交易是一樣的。你有勢，我們跟你；你失勢，當然離開。這是天經地義的事，你有什麼好埋怨的！」齊國的孟嘗君田文為齊相，以養士三千而聞名當世，也遇到過類似的問題。他曾被齊王罷相失勢，三千門客齊去。後來，在馮諼（馮驩）的努力下，又復為齊相，散去的三千門客又重歸門下。孟嘗君大怒，對馮諼說：「我一定要將他們羞辱一番。」馮諼開導說：「富貴多友，貧賤寡交，這是規律。希望你還是像以前一樣對待他們。」好在廉頗和孟嘗君都還是聰明人，從善如流了。

人無自知之明，是由於總把附益於自己的東西，如地位、權力、金錢等，當成自己的本質，把貪婪當成雄心，並在其中迷失了自己。感嘆世態炎涼者，是年輕人尚可理解，如果是飽經風霜者、是中老年人，則難以讓人同情，讓人感覺是矯情，甚至於是裝天真。真正的仁者是在洞悉了人性的種種黑暗之後，依然滿腔熱情地愛所有人，以悲天憫人之寬大胸懷包容世界，並為這個苦難的人間多播撒愛的種子。如佛祖，如孔子，如耶穌。可惜的是，聖人總歸是少數派，哪怕是目光如炬的哲學家老子，也沒有聖人和仁者的胸懷。

　　人如果都有一點自知之明，天下就會清靜許多。雅典的神殿上刻有一句話：「認識你自己！」

　　但這個大千世界，卻也正由於智者眾、明者寡而顯得豐富多彩，多了許多鬧劇和荒唐，也多了橫生的妙趣和各式各樣的幽默。

刺客：不以成敗論英雄

　　《史記》是充滿悲劇色彩的英雄主義讚歌。在司馬遷筆下的人物畫廊裡，有一百二十餘個大大小小的悲劇人物：寧死不肯過江東的項羽；社會改革祭壇上的犧牲者吳起、商鞅、晁錯；位高震主而遭屠的韓信、彭越、黥布；因才遭讒受害的司馬穰苴、韓非、信陵君、白起、伍子胥；捨生取義的伯夷、叔齊、屈原、李同；為報仇雪恨而忍辱發憤的范雎、孫臏、勾踐……這些悲劇人物，他們的人生信念、生活目的各不相同，有高下之分，但他們不認命、不逆來順受，勇於面對人生而抗爭的精神都是一致的。他們為實現自己的人生價值，奮不顧身、勇往直前，展現出人不可征服的力量，這種力量超越了人生的悲苦和命運的淒涼，帶來力的震撼和希望，顯示出一種崇高、莊嚴的壯美。

　　人生本來無所謂意義，但生命一旦確定了遠大目標，並為之努力奮鬥，這個生命就有了意義。我曾對朋友說，如果只能帶一本中文書，我肯定選《史記》。讀《史記》，讓人感覺到生命的不可屈服，人的尊嚴不可侵犯，充滿了人類的自豪和對人類

理想追求的熱情,讓人不願、不忍、不甘、不會當奴隸。而《漢書》以後,每況愈下,人的精神逐步矮化,奴性漸濃,陽剛之氣消失,充滿了陰柔和詭計,教人要麼當主子,要麼當奴隸,獨難尋到一個尊嚴、自由的人。

讀《史記·刺客列傳》,則另有一股沛然英雄之氣撲面而來,讓人熱血沸騰,讓人看到人之所以為人的生命靈光。

〈刺客列傳〉寫了五位刺客:曹沫、專諸、豫讓、聶政、荊軻。成功地完成使命的有三位:曹沫是魯國的將軍,與齊國三戰三敗,不得不割地求和。在齊魯盟會上,曹沫執匕首劫持了齊桓公,迫使他簽訂了合約,退還了侵占的魯地。專諸將匕首放進煮熟的魚腹中,趁上菜之機,在千百人的衛兵叢裡,為吳公子光刺殺了吳王僚,使光成為吳王。聶政為嚴仲子報仇,在防衛森嚴的韓國相府,單刀直入刺殺了俠累。

而豫讓和荊軻沒有成功。豫讓因智伯「國士遇我,我故國士報之」,「士為知己者死」,要為死去的智伯向趙襄子報仇。第一次行刺被執,趙襄子認為「彼義人也」,放了他。豫讓「又漆身為厲,吞炭為啞」,再次行刺,又被發現。面對死亡,豫讓只要求取趙襄子的衣服擊斬它,以表示報仇雪恨之意,然後「伏劍自殺」。「死之日,趙國志士聞之,皆為涕泣。」

荊軻是司馬遷著墨最多的刺客,也是一位失敗的英雄。當時,秦王雄心勃勃,欲一統天下,燕國岌岌可危。燕太子丹想

刺客：不以成敗論英雄

求得喘息之機，阻止秦軍繼續北進，為解燃眉之急，決定刺殺秦王，以圖僥倖。於是，這個歷史的重任落在了「好讀書擊劍」的荊軻身上。刺客是出手的標槍、離弦的箭，不管成與不成，幾乎沒有生還的可能，必須抱有必死的決心才行。所以，燕太子丹等易水送別荊軻時，是白衣白帽，著的是喪服，唱的也是輓歌：「風蕭蕭兮易水寒，壯士一去兮不復還！」荊軻見秦王時，帶了秦國亡將樊於期的頭和燕國奉獻國土的地圖。「圖窮而匕首見」，上演了一場驚心動魄的打鬥；但荊軻臨時改變了刺殺秦王的初衷，欲效法曹沫，劫持秦王簽訂和約，結果，劫持不成，自己反喋血秦廷。

以荊軻論，即使劫持秦王簽下和約，也無法阻擋秦國隆隆北進的戰車，一心要獨霸天下的雄主，會被一紙契文約束？中外歷史上從來沒有過。而且，即使秦王遇刺身亡，以秦之強，照樣會滅掉六國。但為什麼失敗的英雄照樣被人讚嘆？因為不管意願成功還是不成功，他們都有明確的理想或目標，肩負著堅定執著的信念，勇往直前，視死如歸。千古艱難唯一死，能做到這樣的人，天下能有幾個？

同樣身為副使的秦舞陽，儘管十三歲即殺人，誰也不敢惹他，號稱勇士，但捧著地圖一進秦廷，即「色變振恐」，不敢移步。而荊軻在刺秦前，許多俠士如蓋聶、魯勾踐都認為他怯懦。荊軻與燕國的高漸離是知己，高是狗屠，善擊筑，常「酒酣以往，高漸離擊筑，荊軻和而歌於市中，相樂也，已而相泣，旁

若無人者」。荊軻死後,高漸離為朋友報仇,儘管被秦王弄瞎眼睛,但他利用為秦王演奏的時機,「舉筑撲秦皇帝,不中」,慷慨赴義。

與那些成功的英雄相比,這些失敗的草莽英雄更真實,也更令人讚嘆。

韓信：恩仇之間見度量

人的一生，富貴貧賤都有可能出現。一般來說，由貧賤入富貴已是不易，由富貴轉貧賤則更難。驟得富貴者，往往舉止乖張，不知所措。幾起幾落之人，有的可能會在識得人生的悲歡離合、沉浮窮通之後，變得豁達和善良，也有的則在歷經世態炎涼、看穿了人間關係無非「利害」兩字後，變得更為冷酷、孤獨和不近人情。從功成名就之後對故人的態度中，大體可以看出一個人的胸襟和氣度。

韓信少時不事生產，常從人寄食，人多厭之。有一階段，在南昌亭長家白吃了幾個月，亭長老婆很不高興，有次故意早早吃了，等韓信去時，已沒有飯，韓信很氣憤，從此不去了。後來一個洗衣婦看韓信可憐，讓他白吃了幾十天飯。韓信說：「我今後一定重重報答妳。」洗衣婦怒道：「大丈夫自己找不到飯吃，我看你可憐才施捨，難道我指望你報答嗎？」淮陰惡少也欺侮韓信，說：「你雖然長得高大，好帶刀劍，但是個膽小鬼。」他侮辱韓信：「你如果不怕死，用劍刺我，怕死，從我胯下爬過去。」韓信想了很久，從惡少胯下爬了過去。

後來，韓信發達了，被封楚王，他賞了洗衣婦千金。而只

有給那位南昌亭長一百文錢,並說:「你是一個小人,做好事不能堅持到底。」又召來了侮辱自己的惡少,讓他當中尉,負責巡城捕盜。韓信對部下說:「他是壯士,當時他侮辱我,我怎不想殺他?殺他沒名氣,忍受了,所以才成就了今天。」

韓信是秦末漢初的天才軍事家,但在待人接物上,我覺得他有諸多不足稱道處。在對待南昌亭長上就有點小孩子氣。你得意之後,忘了他倒也罷了,但偏要專門尋他羞辱一番,人家讓你白吃了幾個月,還被罵是小人,實為不該。

李廣是一代名將,在抵禦匈奴的戰爭中,屢建奇功,人稱「飛將軍」。他因罪被革職為平民。有一次晚上出去飲酒,回來時經過霸陵亭,霸陵尉喝醉了酒,喝斥李廣,不讓他通過。李廣的隨從說:「這是舊任李將軍。」霸陵尉說:「現任的將軍尚且不得犯夜行路,何況是舊任的!」勒令李廣住在驛亭中。不久,匈奴犯邊,漢武帝重新起用李廣,派他任右北平太守。李廣馬上徵召霸陵尉一起去前線,到了部隊,就斬了他。李廣是員虎將,但在這裡他卻是一個不折不扣的小人。霸陵尉即使勢利,但他禁止夜行,也是忠於職守的行為,怎能濫殺無辜?李廣一生戰功赫赫,一心想封侯,但至死沒有如願。相面先生王朔說他是因為濫殺了八百多個降卒的緣故,我看,他連霸陵尉都殺,恐怕與他有小過節的人,他都不會放過,如此小肚雞腸,不得封侯,不亦宜乎?

在這點上,漢高祖劉邦就顯得大度多了。劉邦為亭長時,

韓信：恩仇之間見度量

曾到首都咸陽服徭役，同事們都送了薪資的十分之三為禮，獨蕭何一人送了俸祿的一半。劉邦當皇帝後，封蕭為鄭侯，又增封了蕭何二千戶，以補償他當年多送的二成俸祿。當然，劉邦也有看不順眼的人，雍齒就是一個，他曾多次羞辱劉邦。但劉邦當上皇帝後，卻聽從張良之言，不但不殺他，反而論功行賞，封他為什邡侯。這一招果然很靈，其他爭功不息的部下們都安了心：「連雍齒都能被封為侯，我們肯定沒問題了。」

蘇秦是戰國時的著名策士，憑三寸不爛之舌，縱合六國西抗強秦，身佩六國相印。當年他困厄之時，兄弟嫂妹妻妾皆竊笑之，顯達之後，他們又一反故態，極盡恭順之能事。蘇秦笑問其嫂：「為什麼前倨而後恭？」嫂答：「因為你現在地位高，錢財多！」蘇秦感嘆道：「同樣我一個蘇秦，富貴了，則親友敬

畏我；貧賤了，親友則又輕慢我，更何況別人！假如我當年有兩頃良田，我就不會發憤，也不會佩六國相印了。」於是他散千金給自己的親友。當年借他百錢的人，蘇秦以百金償之；凡是以前幫助過他的，都一一報答。其中一人沒有得到好處，就去找蘇秦問話。蘇秦說：「不是我忘了你。當年你和我一起去燕國，在易水邊，你再三要離開我。那個時候，我處境十分困難，非常期望你的支持。所以，我晚一點報答你。」

　　蘇秦因以口舌而位至卿相，故多有不稱其為人者。但從他只報恩不報怨來看，的確非常人可比。以蘇秦之智，不會不知人性之陰暗與不可移，但他一笑置之。正如世事洞明的孔子所說，鳥獸不可與同群，我不與他們在一起，又和誰在一起呢？這才是真正的智者、明者、慧者和仁者。

　　以德報德易，以德報怨難。在這點上，蘇秦做得比韓信、李廣有氣度、有胸襟，也更高明。

韓非：照耀兩千餘年的思想光芒

有人說，國家不幸，詩人幸。其實，詩人何嘗有幸，幸的是後人，得到了他們的成果。思想家也相似。春秋戰國時期，國家分崩離析，戰亂不斷，但正是這個時代，產生了老子、孔子、韓非子等偉大的思想家。前兩個人，分別成了道教、儒教的偶像，而法家韓非，雖然其學說影響至深至廣，但其地位似乎遠沒有老子、孔子高，而且，法家的代表人物們，結局都不太好，韓非本人也遭殺害。

我慢慢能讀懂法家著作的原文，才驚嘆於法家思想的深刻和影響的巨大。而且，對中國歷史越了解，越加震悚於韓非學說的刀刀見血。我至今仍然認為，對中華文明主流社會影響最大的思想，非儒、非道、非佛，而是法家。思想家裡，韓非最讓人折服，對人性的洞悉，數韓非最深刻。

韓非不是法家學說的創始人，而是法家思想的集大成者。法家思想的產生，自管子、晏子即已開端，前期代表人物有李悝、商鞅、吳起、申不害、慎到等。到了韓非，才將法家的思想加以總結、歸納，形成一個嚴密而有序的思想體系。

韓非是韓國的貴族，生年已不可考。他喜歡鑽研刑名之學，

也鑽研過黃老之術，曾在荀子的門下和李斯同學，李斯覺得學問不如他。韓非是韓王孫，因得不到重用，就退而著書立說。他的文章廣泛傳播，且流入秦國。秦王（即後來的秦始皇）嬴政看到拍案叫絕：「嗟呼！寡人得見此人，與之遊，死不恨矣。」韓非的同學、秦相李斯說韓非不但活著，而且就在韓國。秦王為了急於得到韓非，便於西元前233年發兵攻韓。因美女而起的戰爭，中外很多，但為求才而戰，的確少見。秦強韓弱，韓王只好把自己不重用的韓非送到秦國。秦王與韓非一談，便引以為知己。李斯怕老同學得勢、奪去他的地位，就進讒說：「韓非是韓王的公子，您要統一六國，但他畢竟是韓國人，不會幫秦國，這是人之常情。您既不能用他，又久留不歸，這是自找麻煩，不如殺了他。」秦王聽了李斯的話，把韓非下獄治罪。李斯派人送毒藥給韓非，逼他自殺。不久，秦王後悔了，派人赦免時，韓非已經死了。

　　韓非雖死，但他的哲學思想、政治理論，卻在秦國得到了完全的實施。在他死後十二年，秦王統一了中華大地。

　　韓非的法家思想，是為統治者設計的社會管理理論體系。他認為，人「性惡」、「好利」，利害關係是人類的唯一社會關係，不僅君臣之間、醫病之間是相互利用關係，即使是家庭之內的父子、夫妻之間，同樣充滿了利害關係。他認為，天子不是由上天的意志決定，經濟生活才決定歷史，而且「世異則事異」，必須與時俱進。因此，以王權為中心，他提出了法、勢、

韓非：照耀兩千餘年的思想光芒

術統一的理論。治理國家必須實行法治（而儒、墨主張以仁義治天下，韓非認為是無法實現的空話）；推行法治必須掌握政治上的權勢；人君必須有權勢才能實行法治。有勢而無術（權術、領導策略），則會大權旁落，人君得不到利益。人君不能相信人間有真正的互相信賴和忠誠，只能以重刑、厚賞的方式，法、勢、術相結合，才能建立起中央集權的國家。

從秦始皇開始，韓非的思想實際上一直是政治思想的主流，但無一例外地披上儒家那一套仁義道德的外衣，即所謂的「儒表法裡」或「陽儒陰法」。只是韓非的政治學說太坦率，他們不敢宣揚而已。歷代統治者不斷加高孔子的帽子，封號也越來越長。明清之際，已在每一個縣都建有大成殿四時祭孔，讓全國老百姓——特別是知識分子——學習儒家學說，作為指導原則，以致有人認為中國的國教是儒教。但皇帝對自己的兒子，則是要求認認真真學習韓非的法家理論。

身為一個思想家、政治理論家，韓非無疑是成功的，因為他的思想光芒燭照著中華文化兩千多年的王權專制社會，他是所有獨裁統治者的老師和靈魂。他把人的陰暗與自私，完全暴露無遺，使人絕望。

身為人，他是失敗的，而且死於老同學之手。不過他的命運，又最後一次證明他學說的正確性：人的本性是惡的，利害關係才是人類唯一的社會關係。

李斯：行走在權力的刀鋒上

對一個人的評價，根據不同的標準，會有多種截然不同的結論。對歷史人物尤其如此。李斯就是一個十分明顯的例子。

中國傳統儒家思想中，人生的終極目標是三立：立德、立功、立言。如果以立功論，這位來自河南上蔡野心勃勃的知識青年，靠著自己的不懈努力，位至一人之下、萬人之上的丞相，且幫助秦王統一了六國，不論誰寫中國歷史，都不可能繞過他，可謂人生得意，功成名就。如果以立言論，這位兩千年前的政治家才華橫溢，他的〈諫逐客書〉是文章名篇，也是學習古文的必讀範文，《古文觀止》和學校課本裡都有收錄。且他為秦始皇記功而寫的〈鐵線篆〉碑文，在泰山上立了幾千年，是法書典範，一直是歷代書家膜拜的聖蹟。但是，如果以立德論，他則乏善可陳。他是一位才能傑出、抱負不凡的政治家，卻是極端利己主義者，為了獲得權勢，可以不擇手段，以時髦的話來說——沒有道德底線。如果以人生的結果來看，他是一個不得善終的悲劇人物，不但自己身首異處，而且殃及三族，可謂悲慘之至。

縱觀李斯一生，有四次轉折，他都有充分的感嘆。

李斯：行走在權力的刀鋒上

李斯少年時當郡中小吏，他看到官員宿舍的廁所裡，常有老鼠偷穢物吃，看到人或狗走近，就驚恐逃竄；而在官府的糧倉裡，老鼠吃著滿倉的糧食，住在寬敞的大屋之下，也不會有人或狗來侵擾。李斯感嘆說：「人一生的富貴貧賤就像老鼠，完全取決於他的處所。」

於是，他發憤要做人上人，要處於權力的巔峰。因此，他向荀卿學帝王之術。學成之後，他覺得當時的齊、楚、燕、韓、趙、魏、秦七國中，只有秦國最強大，於是義無反顧地離開故國楚國，西入秦國建功立業。

通往權力的道路是艱辛的。李斯以自己的才能、心計，幫助秦始皇統一了六國，位至丞相。他的大兒子李由為秦重鎮三川郡太守，其他的兒子都成為皇帝的駙馬，女兒都當了皇帝的兒媳婦，權勢滔天。李由回首都看望老爹，李斯設宴於家，朝廷百官都來慶賀，門口的高級馬車就有幾千輛。李斯正處於人生的鼎盛時期，他喟然感嘆：「啊！我的老師荀卿說『物禁太盛』。我本是上蔡的一個布衣百姓，蒙主上恩典，逐步提拔我。現在我處於臣子的最高地位，可以說已到富貴的頂峰了。物極則衰，我不知我今後會怎麼樣啊！」

他的感嘆，既為自己的志得意滿而高興，又有位高權重者無法掌握自己命運而產生的孤獨、無助的恐懼。

秦始皇出巡期間，病死於沙丘。當時太子扶蘇在外，只有少子胡亥跟隨。胡亥為了當皇帝，與宦官趙高狼狽為奸，陰謀篡位。但此事如果丞相李斯不支持，肯定辦不成。在趙高的一番遊說下，李斯在反覆權衡利弊之後，終於答應偽造始皇遺詔，立胡亥為太子。這一次，他感嘆：「生逢亂世，我不能以死求清白。對未來，我能要求什麼呢？」胡亥成為皇帝後，凶殘過於其父，橫征暴斂，草菅人命，使國家變成一座人間地獄。李斯為了固位保權，不斷助紂為虐，「刑者相半於道，而死人日成積於市。殺人眾者為忠臣」。秦帝國也處於風雨飄搖之中。

這時的李斯，也走到了人生的盡頭。他被趙高一再陷害，終於以謀反罪腰斬於咸陽，而且夷三族，即殺死李家、李母家和李妻家的所有族人。臨刑前，李斯對兒子做了人生的最後一次感嘆：「我想與你再一次帶著獵狗一起出上蔡東門去獵野兔，這已辦不到了。」

李斯死了，說可惜嗎？通往權勢之路是他自己的選擇，行走在權力的刀鋒之上，利弊得失，他比誰都明白。說他冤嗎？他參與陰謀，改詔廢立，本來就是彌天大罪。他的遭遇，雖不令人同情，但多少有點可惜。於李斯自己，實際上即使知有今日，也不會悔不當初的。像李斯這樣的人，每個時代都有一大批。行走在刀鋒上的人，唯一的祈求目標，就是不倒下，這是中國歷史上一個十分有趣的現象。

劉邦：大風起兮我飛揚

劉邦是一個英雄，他開創了一個平民經過努力可以登上皇位的神話時代。在他之前，一切都講血統，王侯將相都是世襲繼承。陳勝雖然喊出「王侯將相寧有種乎」的口號，並自封王侯，但畢竟半途夭折。只有劉邦，從沛縣的泗水亭長，透過自己的奮鬥，實現了自己的夢想。儘管後世的許多政論家對劉邦頗有微詞，如好酒、好色、自私、好大言、背信棄義、殺戮功臣等，但他一直是中國兩千多年來野心家們的偶像。他的成功充滿了傳奇色彩，他的經歷鼓舞著千千萬萬人向著皇權前仆後繼。劉邦雖然讀書不多，但他卻具備一個政治家所必備的素養：堅定的理想信念、百折不撓的意志、知人善任的能力。他的成功，因此充滿了必然性。

劉邦第一次見到秦始皇，是到咸陽服徭役，看到帝王的排場，輒心嚮往之，感嘆：「大丈夫當如此也！」在這遠大理想的支持下，他才勇於在押送壯丁途中，與陳勝相似，放了不斷想逃亡的苦役者，自己率領十幾位不願離開他的壯丁，到山中落草為寇。後來反秦形勢越來越好，他攻占了沛縣、豐縣、滕縣、金鄉、魚臺、碭山等處，力量逐漸壯大。最為成功的是，

在西進秦地的策略中，劉邦軍事上成功，政治上更成功，廢除暴秦法律，約法三章，終於攻入了咸陽，將秦帝國滅亡。

這時，劉邦的對手已從秦軍變成了友軍項羽。項羽比劉邦力量強大，不但背棄「先入關者王之」的約定，還逼令劉邦退出咸陽，只許帶兩萬兵馬西赴巴蜀當「漢王」。

與劉邦不同，二十七歲的項羽是楚國的貴族子弟，他覺得，像劉邦這樣出身農民的五十二歲老頭子，給他一個漢王當，已十分不錯了，他應該知足。因為力拔山兮氣蓋世的項羽，自己也不過當了個楚霸王。

但項羽打錯了算盤。與劉邦相比，項羽同樣也有遠大的理想信念（當皇帝）、百折不撓的意志，但在知人善任上、在洞悉人性上，兩者卻有霄壤之別。

經過幾年的南征北戰，劉邦手下已雲集了一大批天下英才。當上皇帝後，劉邦在總結自己得天下的經驗時，說：「夫運籌策帷帳之中，決勝千里之外，吾不如子房（張良）；鎮國家，撫百姓，給餉饋，不絕糧道，吾不如蕭何；連百萬之軍，戰必勝，攻必取，吾不如韓信。此三者皆人傑也，吾能用之，此吾所以取天下也。項羽有一范增而不能用，此其所以為我擒也。」當年的亭長或沛公，或許能沾沾自喜於偏居一隅的漢王，因為有了張良、蕭何、韓信、酈食其等人，形勢就完全不同了，打倒楚霸王，統一中華大地，才是劉邦的理想，他當然要和項羽一決雌雄。

劉邦：大風起兮我飛揚

與所有的王朝更換一樣，劉、項之間的戰爭，實際上是兩大集團人才的較量。起初的力量，項羽四十萬，劉邦兩萬。但劉邦有知人善任的氣度。例如，他信任蕭何，同時信任他保薦的一名連敖（副官）韓信，築壇拜他為大將，做三軍統帥。又如，他充分信任張良，對他言聽計從，厚封重賞……等等，終於建立了反項的統一戰線，使項羽一步步走向孤立，最後四面楚歌，兵敗垓下。

平心而論，劉邦的人格並不比項羽高尚，個人的軍事能力和戰術水準，更不是項羽的對手。但劉邦善於借他人之力，送自己上青雲。實際上，任何一個勝利的英雄，無不如此。

呂不韋：經營權力的巨賈

中國歷史上有兩大商人，顯得非常特別，一個是春秋時期幫助越王勾踐成為五霸之一的范蠡，在功成名就後，為免遭殺身之禍，掛冠而去，搖身一變，成為巨賈陶朱公。他是否利用權力進行資本運作，很難說，但他是由官而商。另一個是秦統一六國的奠基人呂不韋，他卻是由商而官，不但在商業上是成功者，在政治舞臺上，同樣是一位傑出的演員和導演。

呂不韋是韓國陽翟的富商，經常住在趙國的都城邯鄲。他有錢，更有經營眼光。當時各諸侯國之間有互遣王室子孫作人質的外交習慣，子楚為秦昭襄王的孫子，在趙國當人質，因秦、趙之間常常打仗，他的處境十分惡劣，經濟狀況也不好。但呂不韋認為，憑子楚的身分，「此奇貨可居」。他於是見子楚：「我能大子之門！」子楚笑道：「等你的門大了之後，再來大我的門吧！」呂不韋說：「你有所不知，我的門要靠你的門來大。」他進一步分析說：「你的爺爺已老了，他去世後，必定你爸爸當秦王。你爸爸最喜歡華陽夫人，但她沒有兒子。你兄弟有二十幾個，而你排在中間，還遠在別的諸侯國當人質，沒有誰記得你。等你爸爸當了秦王，太子肯定落不到你頭上。」子楚說：「既

呂不韋：經營權力的巨賈

然如此，但我又能怎麼辦呢？」呂不韋說：「我給你錢，讓你廣交朋友，樹立好名聲。我再去秦國，讓你爸爸和華陽夫人立你為嫡子。」子楚叩頭不已：「真能如此，以後我和你同享秦國的政權！」

呂不韋不愧為有魄力的投資人，他給了子楚五百金，用以結交權貴賓朋，又用五百金買了奇珍異寶等禮品，到秦國找華陽夫人。他對華陽夫人說：「靠美色侍奉人的，一旦年老色衰，日子就不會好過。夫人現在正受太子寵愛，但卻沒兒子，後路很有問題。您應該在太子的兒子中選一個當自己的嫡子，這樣，太子在世時自己尊貴，太子百年之後，嫡子為王，終生不會失勢。現在的諸公子中，子楚最有賢德，但他不是長子，他的生母又不受寵，肯定成不了嫡子。但子楚非常崇拜您，日夜思念您，希望得到您的幫助。您如果能立他為嫡子，那麼，您在秦國就會永享富貴了。」華陽夫人深以為然，於是又說動了子楚的爸爸安國君，刻玉符為約，確立遠在趙國的子楚為嫡子。

事情果然一一都如呂不韋所設計的那樣發展。西元前251年，子楚的爺爺秦昭襄王去世，子楚的爸爸安國君順利接班，成為孝文王。由於華陽夫人的建議和堅持，子楚被正式冊封為太子。幾個月後，孝文王去世，三十二歲的子楚理所當然地成為秦國之王──莊襄王。子楚的門當然全秦最大，呂不韋的門也隨之而大了，他被任命為丞相，文信侯，食邑十萬戶，為秦貴族之最。三年後，莊襄王死，其子嬴政為王，即後來統一六

國的秦始皇。嬴政當時不滿十四歲，大權仍操在呂不韋的手裡，一直到西元前 237 年。呂不韋在秦為相專權十二年，是秦國的實際統治者。這段時間，正是秦國軍威大振、統一戰爭獲得決定性勝利的歷史階段。可以說，呂不韋是中國歷史上以個人財富影響政治發展的第一人。

在呂不韋之後，較成功的名商人大概要算清代的「紅頂商人」胡雪巖。這位官場、商場都如魚得水的人物，也是一位投資的好手，投資的對象，當然是官員。當代的外國，似乎也如此。據說美國的總統選舉，便是大商巨賈金錢操縱的產物，但這是明顯的，倒不必擔心。對百姓來說，最怕是「黑箱」作業，不知自己被賣給了誰，賣了多少。

在傳統上，商人都尊陶朱公（范蠡）為祖師爺，這讓人有些不解。真正從商人投資和獲益的比例來看，還有誰比呂不韋更成功的？

四公子：四顆光芒四射的星星

齊國的孟嘗君、趙國的平原君、魏國的信陵君、楚國的春申君是戰國時代的四大公子，他們在當時名聲赫赫，在諸侯國之間的號召力，甚至超出了他們的國君。他們交遊廣、食客多，成為歷史上一道十分獨特的風景。戰國以後，各個時代都有達官貴人的兒子，亦稱所謂公子者，但名氣遠不及戰國四公子。民國時，亦曾有袁世凱之子袁克定等所謂四公子之說，但名氣總不及父。我們現在常用的成語，如「雞鳴狗盜」、「毛遂自薦」、「脫穎而出」、「竊符救趙」等，都與戰國四公子的故事有關。

天下公子數以百千計，但要成為名公子，我看必須具備以下三個條件：

首先，必須有很高的門第和充裕的錢財。四公子中，孟嘗君田文的伯父是齊宣王，父親是田嬰，本人曾任齊國宰相。平原君趙勝是趙惠文王的弟弟，趙孝成王的叔叔，也是魏公子信陵君的姐夫。信陵君魏無忌是魏昭王的兒子，安釐王的弟弟，平原君的妻弟。只有春申君黃歇不是王子王孫，但他是楚國的世家子弟，考烈王的宰相。這四大公子不但地位高，門庭顯

赫，且廣有錢財，他們廣闊的封邑夠他們消費，也使他們具有好客的經濟基礎。如孟嘗君派馮諼去向債戶索債，光利息就收了十萬錢。後來馮諼自作主張把債券燒掉，為孟嘗君買了名聲。

其次，必須有養士之名。四公子都有「食客三千」，就是養一幫閒人，住在招待所裡，白吃白喝，也不用上班，只要偶爾替主人辦辦事。當食客，有的要有一定技術，如雞鳴狗盜之徒，但有幾個食客好像也無須什麼條件，馮諼當年因為窮得沒飯吃，就寄身孟嘗君門下。這位馮諼是一個了不起的人物，不但為孟嘗君燒券買名聲，而且在齊王免去孟嘗君宰相後，他單車入秦，竟說動秦王要聘孟嘗君為宰相，嚇得齊王趕緊幫孟嘗君官復原職。平原君門下也有三千食客，最有名的當推毛遂先生。他在趙勝門下吃了三年閒飯，碌碌無為，一事無成，卻在跟隨趙勝去和楚王的談判中立了大功，促成趙楚聯盟。還有一個叫李談，他勸趙勝毀家紓難，趙勝也完全照辦。信陵君門客有名者為門吏侯嬴、屠夫大力士朱亥等，在救趙行動中，靠如姬偷了兵符，用兵符調動了軍隊，十萬大軍火速向邯鄲出發，秦軍聞風而逃，解了趙國之難。楚公子春申君養士三千，出名的有兩個：一個是朱英，勸他把首都遷到壽春（安徽壽縣），並獻出自己的封地淮北，作為壽春的北部屏障；另一個是李園，卻是一個小人。他把妹妹獻給春申君，後來又殺害了主人。朱英曾提醒春申君要提防李園，但他聽不進。四公子中，春申君是唯一未得善終的人。值得一提的是，思想家荀況就是在春申

四公子：四顆光芒四射的星星

君的任命下去蘭陵任縣令的。

其三，要建立一定的功業。當時各國的君主權臣都蒐羅人才，為己所用，養士之風很盛。但並非所有養士者都有名。孟嘗君的功勞在於他擔任宰相期間，齊國不但發展得不錯，而且能聯合齊、韓、魏抗秦，打進秦國的函谷關。這證明，他的手下，不但有馮諼這樣的人才，也有其他的軍事、經濟、外交人才。所以王安石的那篇收入《古文觀止》中的〈讀孟嘗君傳〉，稱「孟嘗君特雞鳴狗盜之雄耳」是不準確的。平原君也曾和楚國一起聯合抗秦，並在國家危急關頭，把全家男女老少全部編入軍隊，分擔守城任務，把家中糧食、財寶全部獻作軍用，為保家衛國作出了自己的貢獻。信陵君是四大公子中最有英雄氣概的人，為救趙國之危，他敢冒竊符、欺君、殺將、矯詔之險；而在魏國遭受秦國侵略之際，又不計前嫌，毅然回國擔任統帥，聯合趙、楚、韓、燕、魏五國之兵反擊秦軍，一直打到函谷關，秦軍閉關不敢出戰。春申君黃歇當了二十五年楚國宰相，參加了四次五國的合縱「聯合國軍」攻秦，且為國家利益著想，奉獻自己的封地，疏濬松江，松江下游因他而稱「黃歇浦」，即黃歇之浦，這三個字後來慢慢地演變成現在的「黃浦江」。

我奇怪為什麼軍國主義國家秦國最強大，並沒有出現一個像四公子這樣有名的人物，而最後卻獲得了勝利。

從歷史長河看，當紛繁複雜的爭鬥已成過去，得失成敗化作煙雲之後，留給後人的，往往是參與其事的人物，他們就像

夜空中大大小小燦爛的星星，點綴著歷史的天空。戰國四公子們畢生致力的事業，最後都在強秦的鐵蹄下化為塵埃，但他們的名字，卻永遠照耀在歷史的星空上。

蕭何：一代名相垂千古

蕭何在跟隨劉邦造反之前，本人就是秦帝國的「公務員」，為沛縣的「主吏椽」，劉邦是他的下級，不過是一個亭長，經常得到蕭何的幫助。在劉邦占有天下的過程中，蕭何、張良、韓信被稱為「三傑」，蕭何功列第一。

對漢朝而言，蕭何的功勞表現在三件事上。第一件，是劉邦占領秦國首都咸陽時，將領們都紛紛搶占金錢財寶，連野心勃勃的劉邦都未能倖免，也流連於美女、財貨之間；只有蕭何，以政治家的遠見卓識（這就是政治家與公務員的差別），「獨先入收秦丞相御史律令圖書藏之」，於是「具知天下厄塞、戶口多少、強弱之處、民所疾苦者」。這些文件，不但為楚漢爭霸奠定了基礎，也為日後統一制定合適的政策，準備了條件。第二件，是向劉邦舉薦了軍事天才韓信。在前期的劉、項爭雄中，劉邦根本不是項羽的對手，連連失勢，手下的人也大批地另攀高枝。他手下的一名連敖韓信也因得不到重用而憤然離去。蕭何聞訊大驚，星夜追趕，終於勸回韓信。但要留住韓信，光論大局、講奉獻，肯定不行，必須給他相應的職位。蕭何勸劉邦拜韓信為大將，劉邦聽從。於是，從策略上、從軍事上，劉邦

開始化被動為主動。第三件,是安定後方,確保兵源、糧食的供應。比起前兩件,這件事辦起來要複雜得多。蕭何鎮守關中根據地,侍奉太子,建設櫟陽,訂立法令規章,位高權重。相關重大決策,都及時上報給在前線的劉邦,有時來不及,「輒以便宜施行」。因此,劉邦的軍士傷亡流失,都能及時得到補充,糧草供應,源源不斷,有力地確保了楚漢戰爭的全面勝利。

所以,在平定天下論功行賞時,「群臣爭功,歲餘功不決」。但劉邦認定「蕭何功最盛,封為酇侯,所食邑多」。戰將們不服,認為蕭何不過是舞文弄墨的人,又未披堅執銳拚殺疆場,不應賞大於功。劉邦不屑地說:「打獵時,追殺獸兔的是狗,而指示獸跡的是人。你們不過是有功之狗,至於蕭何,則是有功之人。」

身為功人的蕭何對劉邦忠心耿耿,從未有過不臣之心。但劉邦這位梟雄,大概抱定「天下臣子均不可信」的信念,對蕭何總是提防有加。呂后用蕭何計,誅殺了韓信(「成也蕭何,敗也蕭何」典出於此)。劉邦很高興,加封五千戶,增派了五百人的衛隊。蕭何以為因功得賞,十分高興。明眼人召平說:「你大禍要臨頭了。要趕緊讓封、勿受,悉以家中私財佐軍才行。」蕭何依計而行,劉邦果然「大喜」。

漢高帝十二年(西元前 195 年)秋。黥布反,劉邦親自帶兵平定。蕭何依然鎮守後方,勤政廉潔,以奉軍需,威望甚高。劉邦在前線多次派使者慰問蕭何。人家告誡說:「皇上對你不放

蕭何：一代名相垂千古

心了，派使者不過是探虛實。你要趕緊強買良田，引動民怨，皇上才會心安。」蕭何照辦，「上乃大悅」。

劉邦凱旋，百姓攔路告狀，說蕭何強買民田、民宅數千萬。劉邦很高興，笑著對蕭何說：「你在利民哪！」並將所有告狀信都給了蕭何：「你自己去回答吧！」蕭何趁機向劉邦進言：「長安地方狹小，而皇上打獵的上林苑內多空地，能不能讓百姓進去耕種？」劉邦大怒：「你受了有錢人的賄賂，竟敢來向我的上林苑請地！」吩咐下獄治罪，大刑伺候。人家問劉邦為什麼這樣小題大作，劉邦說：「我聽說李斯為秦始皇丞相時，把好事都歸給皇帝，把壞事都攬在自己身上。現在蕭何卻相反，受人錢財卻又要裝為民請命的樣子，要我縮小獵場，討好百姓，所以要治一治他。」

劉邦和蕭何的君臣關係，在歷史上算是牢靠和諧的關係，但實質上尚如此不信任。後來，在別人的勸說下，劉邦終於放了風燭殘年的蕭何，並自我解嘲說：「我把你關起來，是為了讓百姓知道我的過錯啊！」

蕭何自律很嚴，買田宅都在偏遠處，家中造屋不打圍牆。他在解釋為什麼不置田產時說：「我的後代如果賢良，肯定會像我一樣節儉；我的後代如果不賢，沒有田宅就免得被豪強所奪。」

在中華歷史上，當宰相的德、能、勤、績能達到蕭何這種

程度的人並不多。但他的名氣卻沒有諸葛亮、張居正大,這的確有些不公平。司馬遷評價他「位冠群臣,聲施後世」,的確是歷史學家的正確論斷。

附錄：朝聖司馬遷十日記

2014 年 10 月 11 日，星期六，晴，第一天，浙江臺州 —— 北京 —— 山西大同

　　早上四點就醒來。也許是昨晚值班的緣故，也許是因為要去朝聖司馬遷，心情激動之故吧！

　　六點半出發。路邊青山，分外嫵媚。近九點到寧波機場。十一點起飛去北京。下午兩點十分抵京。北京的天空，一片霧霾，不可名狀。現在的北京，古稱薊，西元前 11 世紀，周武王克商以後，封帝堯之後於薊，封召公於燕，其地盤即是現在北京一帶。戰國時均屬燕地，秦滅燕之後，設定薊縣，故址在今北京城。燕為戰國七雄之一。燕昭王為實現富國強兵，曾築「黃金臺」以招天下英才，讓後代的讀書人視為自高身價的典故而念念不忘。唐代詩人陳子昂有千古名作〈登幽州臺歌〉：「前不見古人，後不見來者。念天地之悠悠，獨愴然而涕下。」他懷的古，就是這個「黃金臺」，即君王對士人的重視和禮遇，感慨的是知己難覓、生命短暫的悲愴和無奈。現在，以「黃金臺」為名的地方，北京、河北兩地就有數處。在司馬遷生活的時代，這裡叫薊縣。

突破北京的塞車重圍之後，我們一路向西邊的大同方向行進。右邊，是硬朗的燕山山脈，不時可以看到隱現的明長城，還有古烽火臺。居庸關、八達嶺，這些當代人耳熟能詳的地名，都從路標上次第顯現。北方的山，皆高峻冰冷，看上去蕭瑟而剛烈。左邊，極目南望，是遙遙無際的華北平原，儘管霧霾密布，依然能感受到這片土地的遼闊無垠。在很長的歷史裡，車子開過的這一帶，都是漢農耕民族和北方游牧民族的分界線，幾千年間戰事頻繁。據統計，中國古代的對外戰爭，95％都發生在長城附近。

路過雞鳴山。這座大名鼎鼎的山，據說海拔 1,128 公尺，但是看上去相對高度不過二三百公尺，只因平地裡突然聳立，孤峰橫空出世，山形又如刀削斧劈一般，峭壁陡崖，雄奇強悍，確實讓人過目難忘。因此山而衍生的歷史典故頗為豐富。

途經涿鹿古戰場。這是《史記》開篇〈五帝本紀〉中記載的中華文明始祖黃帝戰勝「作亂」的蚩尤的地方。現在看起來，此地不大，衰草淒迷，一片荒涼；但是，在黃帝時代，這裡原始森林茂密、水草豐茂。重大歷史事件的發生地，常常與它的環境重要性不相稱。

今天經過燕山南緣，過官廳水庫，伴永定河、桑乾河側畔而行，因為前期塞車，直到晚上近七點，黑夜之中，才抵達燈火輝煌的大同。

附錄：朝聖司馬遷十日記

大同，號稱「三代京華，兩朝重鎮」，原屬游牧民族故地。春秋時，趙武靈王戰勝樓煩人，初設平城，隸屬代郡。以後一直是多戰之地。趙武靈王胡服騎射，其實就是學習對手樓煩人。第一站即與趙國故地相遇，也是有緣。

10月12日，星期日，晴，第二天，大同

七點起。上午遊大同市區的兩個寺院：法華寺、華嚴寺。法華寺傳為北魏古寺，但建築為近年。寺名卻集唐顏真卿字，宏大莊嚴。印象最深的是大雄寶殿中的新繪壁畫，分三層，氣勢磅礴，畫工精緻，非常華美，總長度超過200公尺，十分壯觀。當非平常匠人所能為。寺中還有一白塔，高十餘米，塔基周圍數百平方公尺皆以黑色小卵石鋪地，使白塔更有風采。此種布置，如日本枯山水景，別具一格，中國寺院中，我到訪過的地方前所未見。

華嚴古寺，亦為遼代遺跡，但多數建築年代不遠。大雄寶殿中佛像皆木雕，很有品味。寺僧稱，木雕均為遼代真跡。有一新造地宮，柱石、天花板、地磚和佛像，全用黃銅包裹或製作，據稱有佛1,200多尊，滿目金色，亦是一奇。地宮中供一高僧舍利子兩枚。

中餐於大同名樓鳳臨閣，據說當年慈禧太后曾逃難至此並吃飯，故有此名。此飯店十分奢華，其中一廁所，六面及如廁用具，全部以黃銅製成，四顧均是明晃晃的。

下午出城，過御河向東，訪古白登山。白登山，現名采涼山，海拔高度為 2,144 公尺，相對高度似乎不足 300 公尺。遠遠看過去，不過是低緩的山丘而已。但這裡卻是中華民族政策的一個轉折點。歷史上有名的「白登之圍」就發生在這裡。西元前 200 年，漢高祖劉邦為了打擊屢屢犯邊的匈奴，率漢軍 30 萬北征，在此處被匈奴 40 萬騎兵圍困七天。後來，用陳平之計，讓單于太太鬧起枕頭風，才得以解脫。在男女平等上，游牧民族做得遠比農耕民族好。此後，漢朝不得不採取「和親」政策，歲輸金帛，並與匈奴約為兄弟，才確保了邊境的安寧。和平的實現，只有兩種情況，一是一方臣服，二是兩者武力的平衡。當時的和平，當屬後者。此後，惠帝、呂后、文帝、景帝執政的大半個世紀間，都沿襲這個政策，直到武帝時代，國力強盛之後，對比失衡，占上風的漢政權，才採取武力解決。

　　開車上山，山勢平緩，路到山頂。山頂上有一紀念石碑，為新造，正面鐫刻「白登之戰遺址」。極目眺望，遠山如奔，山線不斷重疊，消失在雲霧之中，無法窮盡。山下則是坡度不大的丘陵，沒有多少綠色，其間填充著城鎮和村莊，沒有了一點兒戰爭的氣息。山上樹木，均是近十年所種，當是退耕還林後的產物。如果沒有山頂的這塊石碑，我們根本無法想像，這裡曾經發生過如此重大的歷史事件。

　　回城途中，專訪了一座烽火臺。當是明朝以前的舊物，殘存還有十多公尺高。大同一直處於農耕文明的前線，歷代戰火

附錄：朝聖司馬遷十日記

不斷。宋明之際，這裡依然還是邊疆。明朝的正德皇帝，亦曾來此胡鬧頗久。明代諸帝，身心大多不正常。

大同附近地區，雲岡石窟、應縣木塔、五臺山、懸空寺等處，以前曾遊覽過。因同《史記》無大關係，此次均不看了。

買了幾本書。

10月13日，星期一，晴，第三天，大同市 —— 靈丘縣

早上北出大同，先去右玉縣訪古。

大同地處晉、冀、蒙交界處，歷代都是兵家爭戰地。戰爭遺跡很多。春秋戰國時期的，也為數不少。囿於時間，我設定的訪古地年代下限為漢武帝時代，因為司馬遷的《史記》即止於此。

上午去的殺虎口，在山西與內蒙古交界附近，曾一度是中國的邊塞，也是古戰場。北出大同後，向西一路行進，經左雲縣、右玉縣，逶迤至大青山下的殺虎口。眺望遠山，均是褐黃色光禿禿的山體，雄渾而沉默，上面到處有古城垣、烽火臺遺跡。

此關古名參合口，唐名白狼關，宋稱牙狼關，明稱殺胡口，清代改今名。關外山巒如波浪起伏，氣勢極其雄壯。有博物館一座，內有實物、圖片、模型等，介紹頗詳。長城，只是農耕和游牧民族的分界線，對阻遏游牧民族的南下，實際上並沒有發揮多大的效果。所以，在游牧民族執政的元、清兩代，都棄

置不用。築城最力的是明代，也最不堪一擊。

　　車沿博物館後山上行。山上多胡楊樹，樹葉因霜凍而呈五彩之色，非常動人。天空極藍，明淨如洗，賞心悅目。山上連綿而建的烽火臺，高者十幾公尺，矮者亦有四、五公尺。古城殘垣，有的赫然在目，有的則夷為平地。許多故城旁邊，壘有黑卵石，重達上百斤或幾十斤，顯然不是山上原物，估計可能是當年作守城的武器使用。這些遺物，即使不是漢代以前，其故址，亦當如是。站在山巔，俯瞰大地，一個個烽火臺的投影填滿了山梁。在冷兵器時代，在如此艱難的地方，戰爭要面對的，是馬背民族機動性很強的刀槍；但是，他們依然以城牆和烽火臺的方式，堅守著更先進的文明，每一個王朝都沒有退縮。生活方式影響人們的思想，稱農耕文明更熱愛和平，的確是有歷史依據的。

　　去殺虎口途中，看到一座高高圓圓的死火山錐孤立於荒原之上，山頂建有寺廟，遠望如瓊樓玉宇。查地圖，方知此地叫牛心堡。下午訪德勝堡。其地在大同新榮區，過堡即是內蒙古地界。此堡現存建築係明代，保存相對完整，有內城外城。內城住著數十戶人家，一些老人，坐在屋簷下晒太陽。不見一個年輕人。附近山上，亦密布烽火臺。離德勝堡約 3 里處有一烽火臺，約兩層樓高，這不稀奇，稀奇的是，臺邊開闊的緩坡上，散落著幾十塊純黑色的卵石，表面光滑，每塊重約一至數噸，非一人所能抬舉，不知此石從何而來，作何用處。

附錄：朝聖司馬遷十日記

　　看過德勝堡，我們迅速南下靈丘縣。靈丘在大同市東南，與河北交界。我們跨過桑乾河、渾河，穿過恆山，來到恆山、五臺山、太行山交會處的靈丘縣。如果再向東穿過太行山，即是河北的淶源縣。靈丘是丘陵地帶，抬頭即見山。去靈丘，是因為那裡有趙武靈王的墓園。

　　到靈丘，已是晚上六點半。晚上吃了羊蠍子火鍋。從名字看，不得其解。原來就是一種羊骨架子火鍋，骨頭間肉質好而鮮，吃起來比羊肉片美味。只是當地食物口味太辣。

10月14日，星期二，晴，第四天，靈丘縣 ── 太原市

　　武靈王墓在靈丘縣城區，整個仿古建築均是新造。門外臨街有一武靈王的青銅騎馬像，真正是胡服騎射，連底座高逾10公尺，英姿煥發。進入高牆大門，即見墓園。墓園，高約10公尺，周圍寬80公尺，邊植柏樹，上長草木，人可行至墓頂。

　　墓前立一石碑，上鐫「趙武靈王墓」。墓園內，除了右側廊廡中有幾塊別處移來的明清時期石碑、左側廊廡壁上有十幾幅關於武靈王的彩色當代壁畫外，別無長物。從建築與樹木看，此墓園重修還是近幾年的事。

　　據朋友介紹，此墓年代久遠，一直沒有遭到破壞，是武靈王真墓。現在全中國自稱有趙武靈王墓的地方，不下五處。山西省學者認為，以靈丘的證據最確鑿充分。因為年代久遠，只能做文字上的考證，目前各地均無出土文物上的實物鐵證。

趙武靈王是個了不起的人物。身為偉大的改革家，他促成了「胡服騎射」改革方案的實施，使趙國成為戰國時的軍事強國。另一件事，更讓我對他心生敬意：為了準備經略西北胡地，並一探西方強鄰秦國的虛實，身為一國之君的他，居然冒充趙國使臣，對秦國的山川民情做了一次深入的實地考察，還面訪了秦王。不知使臣真實身分的秦昭王，驚奇於使臣的相貌氣度，非人臣所能有，心生疑慮，要諜報人員迅速調查，才發現原來是老對手，趕緊追趕，武靈王早已出關。趙武靈王的目的全部達成：親自考察了秦國，當面考察了秦王。

歷史上，與他這個壯舉稍稍可以一比的，大概只有五百多年後的曹操。當年的漢丞相曹操當了魏王，會見匈奴使者時，覺得自己個子矮，形象不夠好，就讓著名的美男子崔琰冒充自己，坐在魏王的寶座上，曹操裝作侍衛，捉刀立於側。

會見結束後，曹操派人去問匈奴使臣：「魏王如何？」匈奴使臣說：「魏王雅望非常，然床頭捉刀人，此乃英雄也。」這個匈奴使臣的確是個人物，慧眼識人；但是，曹操聽到後，非常不高興，派人將匈奴使臣殺掉了。

曹操與武靈王，誰是英雄，高下立分。

辭別了靈丘的朋友，出城往西。因為順道，訪平型關大捷故址。平型關之所以出名，是因為有抗戰中八路軍 115 師於 1937 年 9 月 25 日在此伏擊日本軍隊，取得抗日首勝的戰鬥。我們輾轉找到平型關，除了一堵紀念牆、鎖了門的幾間平房外，

附錄：朝聖司馬遷十日記

一個人影也沒有。開車上山，終於看到與日寇反覆爭奪的老爺廟，也是新建築。歷史是後人寫的。歷史不真實的本質，是因為人們出於自己利益的考量，而對歷史記憶有意進行了主觀的選擇，只有真正自信的時代，才有可能還原歷史真相。

平型關處於恆山與太行山相交處的山巔，地勢險要。當年的戰鬥，是在關口東坡下的山溝中進行，離關隘還有不短的山路。過平型關關隘，只見老關隘正在修整之中。原先的公路已改建並拓寬。過關，即從靈丘縣進入了繁峙縣。訪關西的平型關村。從此村圍牆高築、遍地可見的烽火臺遺跡，可知此地自古當為多戰之所。一路下山，直至平原，忽然出現了許多以風力發電的大風車，一排排展開，非常壯觀。

我們從五臺山側、滹沱河邊，一直南下。北方的山，面積大，由於植被稀少，山陵似乎特別的尖，也顯得冷峻。但給人以一種宏大蒼茫的美。只是細節不足，不耐近觀。幸好乘車而過，非常適宜。

經代縣、原平市、忻州市，傍晚時分到達太原市。太原，就是大平原，這片土地承載了豐富的歷史。這座古城，是西元前497年晉卿趙簡子的家臣董安所建，為趙國初期的都城，至今已有兩千五百年的歷史了。我跑了四天，還在故國的範圍之內。

表弟在太原定居已有二十多年。晚上他與妻女一起設宴為我們接風洗塵。與表弟將近二十年未見面，與其妻女更是第一次相見。

10月15日，星期三，晴，第五天，太原

晉祠是太原第一名勝，又是漢代以前的古蹟，當然要去探訪。

今天表弟夫婦開著他們的新車陪訪。晉祠即晉王祠，是為紀念當年晉國最早的主公唐叔虞而建，是當時分封建國的產物。因故地即太原，所以歷代相傳，晉祠亦屢毀屢建，終成現在模樣。晉祠的古柏、古代雕塑非常美，尤其是後者，常引來美術界人士的臨摹。不過，旅遊者更喜歡的，還是新增添的李世民與其重臣的青銅群雕，在此合影的人特別多。因為與晉王相比，李世民的名聲更大；同時，也是希望沾點帝王氣吧！遠近之間，總是近的更容易引人注意。

晉祠外有赤橋村。花了不少功夫才找到赤橋故址。這是一個流傳兩千多年的忠義故事，《史記》的〈刺客列傳〉裡有充分的記載。當年晉國貴族之間發生戰爭，智伯決汾河水灌晉陽城攻趙，趙襄子後來反敗為勝，殺了智伯，並將他的頭顱製成溺器。智伯的門客豫讓為了報答主人的「國士」知遇，兩次刺殺趙襄子，都被發現。第一次，趙襄子感動於他的義氣，放了他。第二次行刺在橋上，又被抓。趙襄子答應了豫讓的要求，脫下外袍給他。豫讓在橋上三次躍起，將外袍刺得粉碎，然後刎頸

附錄：朝聖司馬遷十日記

自殺。此橋因此叫豫讓橋，又因豫讓之血染紅了橋面，此村得名赤橋。

現在古橋已不復存在，原有流水改成暗河流淌了。橋石與石欄桿尚在，堆在一邊，上面長滿了爬山虎。旁邊有一株巨大的槐樹，兩人可合抱，正長得精神。離槐樹五十公尺外，有座傾圮一半的觀音廟。住在廟邊的八十二歲老者，聞說居然有遠隔千里的人前來訪古，非常高興，特地邀我至家中，向我介紹橋、樹、廟的典故，鄉音難懂，也多是傳說。儘管他的述說，比歷史本身更加誇大，也有演義的成分，但是，主旨方面，與司馬遷並無兩樣。老先生又找來鑰匙，忙了很久，才打開了塵封的鎖，開了廟門，邀我入內參觀。大殿內陰暗潮溼，左角土臺上僅存一無頭、褪色的木骨泥土塑像，身軀十分剛勁有力。老先生說，此即豫讓。以塑像位置與形象看，我疑為佛教中的四大天王（金剛）之一。還有一石碑，橫放於地上，高約70公分，寬約45公分，厚約20公分，鐫有「古豫讓橋」四字，為清同治六年（1867年）所製。老先生說，這是橋上原物，拆移於此多年。算下來，這塊石碑也有247年歷史了，而我們距當年豫讓的死，則有兩千四百多年。

姚老先生的厚待讓我十分感動。敬祝老先生健康長壽！

下午看山西博物院。山西是文物大省，藏品非常宏富。因為時間關係，我只選擇漢代以前的展品欣賞。在文物古蹟面前，在以千百年計的歷史面前，一生不過百年的我，常有微不

足道、身如鴻毛的感覺。買了幾本書。

晚上赴表弟的家宴。他在這裡定居樂業，娶妻生子，生活富裕，家庭幸福，讓人欣慰。

10月16日，星期四，晴，第六天，太原 —— **陝西韓城**

早上六點醒來。北地乾燥，常覺喉嚨乾渴，飲水量與日俱增。想當年司馬遷時代，這裡還是一片鬱鬱蔥蔥之地，森林資源豐富，也沒有風沙之苦。人類對大自然的改變，比物種的進化要快得多。因為耕種，因為戰爭，因為工業化，真正實現了天翻地覆。

八點半，與表弟夫婦告別，我們繼續南下。今天的目的地是陝西韓城，司馬遷的老家，此行最重要的訪問地。

公路的右側是呂梁山、火焰山，左側是太岳山、中條山。所經過的地方，無論是祁縣、平遙、介休、霍州等處，都有古可訪，有史蹟可尋。特別是洪洞縣的大槐樹，更是聞名遐邇，但是，因為時間原因，只能從路邊的公路標識上一覽而過。這些地方，只有平遙城、靈石的王家大院前幾年曾經一遊。那裡保存完整的古建築很多，印象頗深。從書上看，介休似與介子推有關，霍州有媧皇廟。在北方旅行，常常從地名上能翻騰出一個個歷史故事。中國歷史的重心，是從黃河流域逐步南移的。臨汾有堯廟，特地先去訪問。堯是偉大的君主，華夏五帝之一，名字叫放勳。他有兩大歷史功績：一是組織天文曆法專

附錄：朝聖司馬遷十日記

家義和去考察日月星辰的執行規律，制定了曆法，定一年為三百六十六日，以閏月正四時，指導人民的農業耕作。二是在選擇自己的接班人上，任人唯賢，認為「終不以天下之病而利一人」，以博大的胸懷，棄兒子丹，選與自己沒有血緣關係又賢能的舜，讓舜為天下人造福。所以，中國的歷代帝王都聲稱要效法堯、舜為人民服務，並以此為天天呼喊的口號。執政方式與獲得政權的方式息息相關。在家天下的中國，所有以暴力獲得政權的君王，都不可能真正地仿效先聖。在堯、舜以後，也曾出現過幾次王權禪讓，但都不過是演戲，是不折不扣的刀劍下的逼宮。

離堯廟不遠處，有一個新建的、高50公尺的紀念碑式的華門，分三座，象徵堯、舜、禹三帝，據稱是天下第一門，有點喧賓奪主，沒有興趣進去。

堯廟也是故址重建，場地擴大，周圍多了許多建築，裡面的商業氣息濃郁，與帝堯的身分極不相稱，也沖淡了莊嚴神聖的氛圍，殊為可惜。幸好廟中尚有古樹數株，讓人可以發懷古之想。堯陵不遠，因時間不夠，沒去。

三點半，到河津市下。河津市仍屬山西省，與陝西省韓城隔黃河相峙於東西兩岸，歷史悠久，戰國時魏國置皮氏邑於此，為軍事要塞。漢稱皮氏縣，後改名為龍門縣，是黃河的重要渡口。找到河津市博物館，想看看當地文物，卻說是一年裡只有一天對外開放，有門鑰匙的三人也都不在。只好作罷。好在博

物館的院子裡放了半院子的石碑、石雕文物，不少年代在唐宋間，十分珍貴，也大開眼界。希望這些寶貝能得以妥善保存。來到黃河大橋邊。這裡的黃河峽谷，就是名聲赫赫的禹門，傳說大禹於此鑿山洩洪，以救天下之困。鯉魚跳過禹門即成龍的傳說，也以此處為背景，故又稱龍門。但是，禹廟等古建築早就不存。只見鐵橋依舊在，車流不斷。新的水泥大橋橋墩、引橋均已經完工，但是還沒有鋪設橋面，現在供通行的，還是老鐵橋。可能因為橋老之故，只允許小型車輛通行。黃河水十分渾濁，龍門狹窄，水流湍急。河水過龍門後，則突然開闊，水流十分平緩，岸邊有幾個酒家，建於水岸軟沙灘上。三五桌人，在那裡對著西下的太陽，悠閒自在地喝著啤酒。有一漁夫在用拖網抓魚。但是一無所獲。

對岸山體近在咫尺，韓城房屋樹木也似觸手可及。過了鐵橋，從對岸看山西，亦是大山歷歷在目，黃河水渾濁而下。不知當年司馬遷看到的黃河是什麼樣子，至少，總比現在清一點吧！

黃河是分界線。一進入韓城，便是到了陝西省，明顯感覺粉塵多了，路也更加擁堵。

經過龍門鎮，原打算住這裡，因粉塵實在太大，又不是司馬遷故里，就直奔韓城市區。

韓城有新老城區之分。新城在高處，老城在下處。先去老城尋古，發現一個叫三舍公館的飯店，建築古色古香，非常精

附錄：朝聖司馬遷十日記

緻，就在裡面吃晚飯。本以為「三舍」的名字取自《史記》中晉文公與楚成王相約「退避三舍」的典故，問店員，方知是此飯店因有三進的房子，故名三舍。大笑。飯後重新上坡進新城，住進飯店，已是晚上八點。

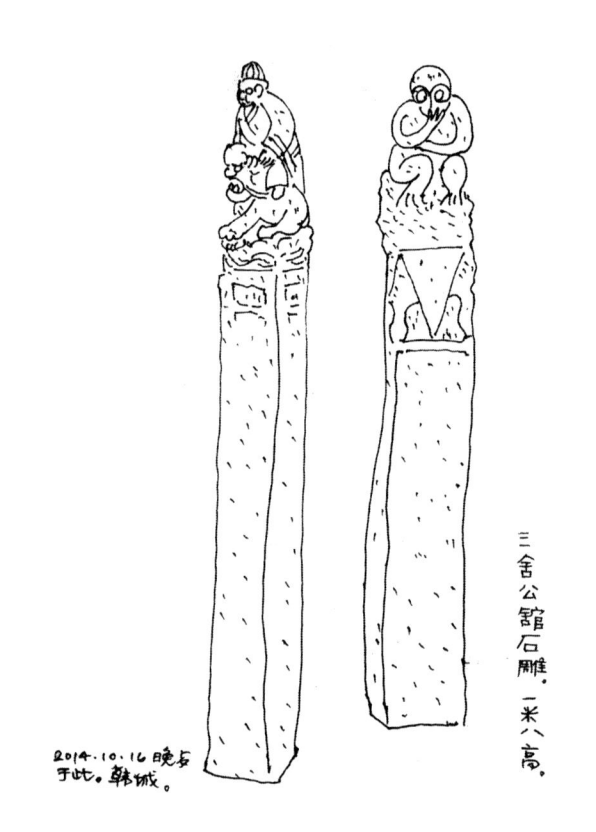

三舍公館石雕，一米八高。

2014.10.16 晚宿于此。韓城。

10月17日，星期五，晴，第七天，韓城

司馬遷墓在韓城南不遠的芝川鎮，東瀕黃河。「黃河之水天上來，奔流到海不復回。」李白的詩寫盡了黃河的浩蕩氣勢

和豪邁激情。在上古時代,「河」即專指黃河。這條「几」字形的大河,在一橫後的轉折一豎,就豎在司馬遷的家鄉。史聖生於斯,亦葬於斯,也算是與黃河有緣。韓城地區位於黃河的中游,也是黃土高原區,中游地區挾帶的泥沙量,占了整個黃河的 92%。

陪同的老先生七十多歲,精神矍鑠,反應敏捷。他說,司馬遷墓沒有受到破壞,是因為在動盪年代,一位守護陵園的老兵勸退了前來搗鬼的人。應該感謝這位可敬的老人!

太史祠在河邊的高原之上。遠遠即能望見上面的建築和樹林的綠色。山下的司馬遷廣場十分宏偉,一座巨大的司馬遷銅像背山而立,面向我們。但是對我而言,這些現代建築再精美,都不如山上的太史祠和太史墓有吸引力,我們先上山。

過古橋,穿牌坊,進山門,上儀門,循著司馬古道,我們一步步登高,一步步接近我心中的聖人。這些建築上,都有題字,但是,最契合我心的,是「高山仰止」四字。這來自《詩經》的詩句,是司馬遷用來評價孔子的,而後人又用它來評價太史公。這也的確代表了後人對太史公的尊崇和景仰;而在我眼裡,太史公在人類思想史、文明史上的貢獻,事實上遠遠超出了孔子。

山越來越陡,臺階越來越高,終於到了享殿。我還是迫不及待地繞過去,先去瞻仰後面的太史公墓。

就在這裡——我非常熟悉又陌生的墓園。我有一本 1962

附錄：朝聖司馬遷十日記

年出版的《司馬遷和史記》，書中有一張太史公墓的照片。我曾千百遍地看過這張照片，想像著如今墓園的模樣。今天我看到的，和五十年前的幾乎一模一樣，只是墓上的柏樹更高更大了，其中的一枝枯萎了，墓的外圍加了鐵製的柵欄，別的都與過去相同。這座墓確實逃過了歷史動盪時期的破壞。這真是中華文明史上的奇蹟！

站在墓前，我才想起，我本當向太史公敬獻一束鮮花，以表達對他的崇敬之情。可是，來時匆忙，竟然沒有置辦。

太史墓作蒙古包狀，面向東方。這位鑄造了中華文化靈魂的人，即使對當時漢朝的敵人匈奴，太史公這位具有寬廣胸懷的思想家，在他的《史記》中，並沒有以傳統的華夷之分來醜化，而認為彼此同屬黃帝子孫，都是人類的孩子，以平等、尊重的態度敘述歷史，難怪匈奴後人蒙古人對他尊敬有加。現在的墓，就是元世祖忽必烈敕令重修的。

下墓園，我才細看享殿中的太史公塑像。這尊宋代的作品，很傳神地展現了太史公的形象。宋代達到了中國藝術的最高峰，宋代的作品，幾乎都是精品。

享殿裡面的許多石碑，記載了後人對太史公的崇敬和禮讚。不管這個墳塋是真骨墳還是衣冠塚，都不影響人們對太史公的尊崇，不影響對太史祠的朝聖。太史祠，永遠是士人尋根立本的朝覲之地。

下山之後，我才仔細觀賞司馬遷廣場。廣場氣勢宏偉，太

史公銅像英姿勃發，似乎在行走，似乎在辯論，似乎在演講，長鬚飄飄，英氣逼人。廣場上的十二本紀群雕，氣勢磅礡，形象生動，令人拍案叫絕。尤其是劉邦、項羽兩組群雕，更是藝術精品。這樣一流的雕塑藝術水準，是有資格放在太史公的腳下的，也足以讓創作者臉面生光。我為韓城能建這樣高品質的廣場而叫好，真不愧為太史公的家鄉！

　　下午，我們繼續訪古。出韓城，車行鄉村土路中，我們在堡安村東南的古城遺址上找到了三義墳。三義墳是指公孫杵臼、程嬰、趙氏孤兒趙武三人的墓園。墳是最近在原址上重修的，趙武的墓還在修建中，墓碑都是清代舊物。墓地處於一個高原上，四周是夯土的舊城牆。這裡據稱是古韓國都城舊址。環顧四周，除了樹木，就是莊稼。韓城的地址，在歷代變遷非常之大。《趙氏孤兒》是中國十大傳統悲劇之一，不同的地方劇種，幾乎都有它的演出，因為它講的是忠義故事，廟堂和民間都能夠接受。

　　隨後，我們訪問了高門原上與司馬遷密切相關的兩個古村，華池村和徐村。

　　華池村，有建於清代的司馬遷書院，只是書院廢棄多年，院中雜草高過人腰了。據說司馬遷女兒歸葬於此。順訪高門村的司馬遷祖墳，有他父親司馬談和歷代高祖的墳塋，在一片果樹林中，墓碑都是清代的。墓碑高聳，墓地雜草叢生。

　　徐村是司馬遷後裔聚居地。歷史上，司馬遷後人曾遷徙南

附錄：朝聖司馬遷十日記

方，東晉末年，為了避難，都改為同、馮兩姓，回歸故鄉定居。村中有漢太史遺祠，祠堂中有司馬遷塑像，與太史墓前的塑像大體一樣，為村中同、馮兩姓同祭之所。歷代兩姓，從不通婚。祠堂側有飛龍書院，祠堂前門楣上有「風追司馬」的石刻，足證後裔對這位史聖的景仰。

村後有巍山，上有相傳的司馬遷真骨墳，墳側有一簡樸的享殿。當然，要考證此墳與太史祠墳的真假，既不可能，也無多少意義。對於徐村後人來說，有一個鄰近方便的祭奠之所，也是好的。

回城的公路，都穿插升降在黃土的溝壑之間。黃土之深厚，風沙之飛揚，讓人怵目驚心。與江浙相比，這裡的生活環境，確實可稱為惡劣。中國的文化重心從黃河流域不斷南移，是人對生存環境的必然選擇。

下午回古城時，又看了一個規模頗大的古建築，叫九郎廟。據傳，事實上原本叫「救郎廟」，也是紀念公孫杵臼、程嬰的，但是以訛傳訛，最後變成了「九郎」，讓人不知所云。這讓我想起一個南方的故事，好像是明張岱寫的：杭州西湖邊有一個「十姨廟」，塑了十個美女。作者百思不得其解。後查史料，方知此廟原為紀念杜甫（杜拾遺），原名「拾遺廟」。鄉人不解，訛為「十姨」。以香火論，一個詩叟，肯定不如十美更吸引人。

10月18日，星期六，晴，第八天，韓城 —— 西安

　　謝絕了韓城朋友陪同，今天自己訪問韓城博物館。作為縣級博物館，它的規模為陝西之最，展品豐富。原址為文廟、東營廟、城隍廟。其中的石刻廳藏品精美，印象最深。一幅巨大的石刻龍門，再現了當年的禹門（龍門）勝景。從建築的審美水準上看，我們現在是全面倒退。館中還有兩根大象牙齒和大象頭顱，象牙居然長達 3.5 公尺，這足以證明以前的韓城也是森林密布的宜居之處。

　　因喜愛三舍公館優雅古樸的環境，中午飯後直奔西安。

　　西安在漢代稱長安，後來作為首都，先後一共有十三個王朝將它作為都城。這裡的文物古蹟，當然非常之多，光從地圖上讀地名，咸陽、未央、灞橋、渭城、周至……一個個都填滿了歷史的故事。西安以前曾遊過三次，如要窮盡這裡的歷史風物，恐怕一年也不夠。

　　為省時間，繞城而過，先去看位於西安、咸陽以西，興平市的漢武帝茂陵。

　　因為標識不很明確，尋找墓地並不方便。到茂陵，方知此處遊客寥寥。武帝當年曾經修了非常奢華的陵寢、享殿、護陵房等，但是現在除了一個長滿草木的山丘，一堵新建的圍牆，一個重樹的清代墓碑，已和荒原沒有什麼二致了。事實上，這個陵墓一共修了五十三年，每年的花費，為漢代朝廷收入的三分之一，所以，墓中的奇珍異寶多得不可勝數。西漢末年，赤

附錄：朝聖司馬遷十日記

眉軍打開了茂陵的羨門，數萬士兵搬了幾十天，陵中的陪葬品還沒有搬走一半。直到三百年後的西晉時，茂陵中的珠玉還沒有被盜完。因為厚葬的傳統在，其他的漢皇陵墓，也同樣反覆被盜匪、軍隊洗劫。對所有皇陵而言，最安全的措施，就是薄葬。現在的武帝陵寢，除了腳下的泥土，當年華美的建築、石雕的翁仲、裡面的寶貝，全都消失在歷史的塵埃之中。

倒是離茂陵不遠的霍去病墓，顯得更奢華一些，因為還有幾個巨石雕刻的藝術品，在陪伴著這位天才而又天佑的將軍。這些石雕之所以沒有被人偷走，除了因為巨大，還因為盜賊們不知這些藝術品的價值，才得以倖存。那塊「馬踏匈奴」的圓雕，雄渾而簡練，真正展現了大漢一往無前、豪邁無敵的精神風貌，讓人流連不已。即使當代世界一流的藝術大師，在這漢代匠人的作品面前，也不得不甘拜下風。還有其他作品，都是寥寥數刀，而精神畢現。什麼是時代精神，這就是，它不過是一個時代氣息在所有人身上不自覺的流露而已，裝是裝不出來的。一個時代帶給個人的影響，常常超出當事人的想像。漢代的詩歌、文章，無不大刀闊斧，剛勁簡潔，不施粉黛，卻能直指人心；但是，霍去病的墓上，卻新建有一亭，遊客可以直達其上，以便登高望遠。這既煞風景，也是對古人的不敬。

翻翻前人的詩作，對武帝唱頌歌的並不多，指摘他求仙、黷武、勞民者更多。唐李賀有〈馬〉詩二十三首，其中有以天馬說武帝的：「武帝愛神仙，燒金得紫煙。廄中皆肉馬，不解上青

天。」也是諷喻之作。以今視古，頌聖之作，均無以流傳。為文者當慎之。

衛青墓距霍去病墓不到一公里，但是，這裡既沒有圍牆，也沒有一件石雕，除了一塊墓碑，一無所有。不過，衛青墓的低調做派，倒也符合墓主人的性格。

相對於霍去病的張揚個性，衛青要謹慎得多，雖然同屬外戚，同屬軍事天才，但在戰爭中，得到的天幸，也是霍去病為多。他們以強大的漢朝為後盾，以武力打出了漢人的威風，讓匈奴從此一蹶不振。而更被上天眷顧的是，霍去病在達到功成名就的人生巔峰之後，及時地死去，既為他的後世尊榮添分，又贏得了無限痛惜。對大多數英雄來說，長壽並不是好事。趙武靈王如果不長壽，在胡服騎射、探訪秦國之後即死去，也不至於最後餓死沙丘宮。

看完三墓，天已全暗，遊客早已星散。進西安城，已八點。

10月19日，星期日，晴，第九天，西安 ── 咸陽

秦始皇的兵馬俑、驪山等處以前都去過多次，又怕今天人太多，於是決定去人少的地方：遺址。

阿房宮遺址在西安西邊，根據地圖找到了，卻沒有標誌。一片圍牆之內，據人稱是阿房宮遺址，但是，規模也不大，現在一邊是停車場，一邊是荒地，遠處是高高的雪松。按照司馬遷《史記》的記載，阿房宮規模宏大，「前殿阿房東西五百步，

附錄：朝聖司馬遷十日記

南北五十丈，上可以坐萬人，下可以建五丈旗，周馳為閣道，自殿下直抵南山，表南山之巔以為闕，為復道，自阿房渡渭，屬之咸陽」。路的另一邊，也是號稱阿房宮遺址的地方，卻已是房地產公司的工地了。以常識推論，當年的規模，應當是我所看到的千百倍才合適。杜牧的〈阿房宮賦〉大名鼎鼎：「六王畢，四海一；蜀山兀，阿房出。」世界上所有的獨裁者，都是自大狂，都喜歡以巨大的建築證明自己的偉大。阿房宮如此宏偉的建築，最後依然是「楚人一炬，可憐焦土」，重點是那些建築都是木結構，如果是石頭的，那現在都會讓人驚嘆。

尋找未央宮遺址也費了一番周折，找到了，卻發現路中間攔了一道槓，不讓外地汽車開進裡面的公路。我出示了記者證並說明情況，也不行。西安人的脾氣，確實有帝王的氣概。事實上，當地的汽車卻通行無阻。只好向裡面步行。這片沉默的土地，也是秦章臺宮的遺址。藺相如曾於此與秦王鬥智鬥勇，終於完璧歸趙。荊軻刺秦王的故事，也發生在這裡。現在，這裡是一片遼闊的荒原，一眼望不到盡頭，遠處是露出地平線的樹梢，上面除了荒草、孤樹、幾塊標明此處是什麼宮的牌子，什麼也沒有。從模樣看，這裡原本是農田，作為遺址後，退耕撂荒已有數年；但是，這樣的地方，如何處置，的確是個難題。

又去看了渭河，一條瘦弱而渾濁不清的水溝而已，沒有了一點生氣。讓人失望至極。車過處，窗外是黃色的厚土，少綠色，多風沙，故都老矣。為什麼看中國每一個王朝的歷史，到

最後得到的，都是悲涼的心情？為什麼當年生機勃勃的土地，如今都如此衰老不堪？

入住咸陽一個靠近渭河的飯店。

買了幾本書。飯後去渭河邊的廣場散步。這裡人聲鼎沸，有許多人在跳舞，有些人在地上寫字，一派熱鬧景象。和沉默的黃土地相比，生活在這上面的生龍活虎的人，才更精采，更也讓人著迷。

10月20日，星期一，晴，第十天，陝西咸陽 ── 浙江臺州

七點起來。

我們為了吃一頓好一點的早餐，只好出門，找到一家肯德基。中國人吃遍天上地下，美食家比專家學者多，也號稱最講究吃；但是，從沒有從營養的角度去思考過飲食。這事實上恰恰是飲食的本質和目的。這次朝聖之旅，從空間距離上來說，臺州到北京是1,933公里，北京到西安是1,144公里，西安到臺州是1,602公里，三者相加，共4,679公里，因為藉助現代化的交通工具，只用了短短的十天時間。如果在司馬遷時代，同樣的路途，如果只靠步行，即使社會太平安定，但由於野獸的出沒，沒有一年半載，可能都無法完成。兩千多年來，特別是近一百年來，人的能量以數萬倍的速度遞增，從原本依靠自身體力、藉助畜力，到現在藉助機械、電子，可以實現上天入地、橫穿大洋、登月探險，咫尺天涯也成為可能；但是，人類的精

附錄：朝聖司馬遷十日記

神世界，似乎並沒有實現同步前進。

十一點十五分，飛機離開西安，向南方飛行。

司馬遷，是最具人類意識的歷史學家。他寫史的目的，不是為了帝王的「資治」，而是「究天人之際，通古今之變」，是為了存續人類的歷史，探索文明發展的規律。因為他有強烈的使命感，才讓他可以忍受巨大的屈辱，完成《史記》的寫作。他不但以自己的文字，完成了中華文化人格精神的熔鑄，而且以自己的行動，為後人留下了一個為了理想百折不撓、為追求公平正義奮不顧身的士大夫標竿，他以自己的奮鬥，成就了一個人的尊嚴！他尊敬孔子，但是，著史只「實錄」，絕不學孔子「為尊者諱」，也不認同孔子的「華夷之辨」。身為漢政府的高階官員，他只講事實，不講頌聖，對今上照樣不「隱惡」，對漢朝的敵人匈奴，同樣視為平等的兄弟看待。對失敗者，依然給予尊重和禮遇。司馬遷把自己視為人，也將所有人都視為人。中國的知識分子「不遇」之時，都充滿平等意識，都能說人話；但是，一旦「知」了、「遇」了，能保持本色本性的，將自己和他人都視為人的，少之又少，都以皇上是非為是非，爭相邀寵，努力做張湯、郅都。縱觀文明史，即使將司馬遷置於當代世界的文化語境之中，以地球村人的標準來衡量，這位史聖依然毫不遜色。

從飛機上俯瞰大地，比在地面上看更美。地面上灰濛濛的黃土高原，透過機窗眺望，卻是充滿活力。山河大地如歷史，

近處都不忍細看,卻宜遠觀。好像一片樹林,近處歷歷在目的腐葉與衰敗,從遠處顯示出來的,都是不可抑制的勃勃生機。

從黃河到江南,從春秋戰國時期的一百七十多個政治實體,到七雄,到秦併六國,到如今,大一統是中華文化潮流。因為每一次的大動盪、大戰亂,都會將中國推向人間地獄,會使數以億計、千萬計的生靈死於屠殺、飢餓和瘟疫,使文明全面倒退。歷史苦難太沉重。

事實上,世界也因為經濟、文化的來往和網路的連結,而正走向另一種形式的相互依存、不可分割的「大一統」。不管個人還是團體、國家,文明的發展已越來越難以孤立無援地生存和發展。但是,無論世界怎麼變,人性永遠不變,人的價值永遠不變。正如《史記》中最打動人心的,都是為了理想頑強打拚的人。司馬遷所歌頌的英雄,都是保持人的尊嚴,追求自由、平等和公正的人。讓人像人,這是所有文明最基本、最持久的力量,也是司馬遷留給我們最大的遺產。

飛機升入了雲層。

再見,西安。再見,韓城。再見,太史公墓。

國家圖書館出版品預行編目資料

史記中的「不合時宜者」：成王敗寇、爭權奪利、忠義氣節……重讀司馬遷，重新思考審判正義與是非 / 趙宗彪 著 . -- 第一版 . -- 臺北市：崧燁文化事業有限公司 , 2025.09
面；　公分
POD 版
ISBN 978-626-416-746-8(平裝)
1.CST: 史記 2.CST: 通俗作品
610.11　　　　　114012308

史記中的「不合時宜者」：成王敗寇、爭權奪利、忠義氣節……重讀司馬遷，重新思考歷史如何審判正義與是非

作　　者：趙宗彪
發 行 人：黃振庭
出 版 者：崧燁文化事業有限公司
發 行 者：崧燁文化事業有限公司
E - m a i l：sonbookservice@gmail.com
粉 絲 頁：https://www.facebook.com/sonbookss/
網　　址：https://sonbook.net/
地　　址：台北市中正區重慶南路一段 61 號 8 樓
8F., No.61, Sec. 1, Chongqing S. Rd., Zhongzheng Dist., Taipei City 100, Taiwan
電　　話：(02) 2370-3310　　傳　　真：(02) 2388-1990
印　　刷：京峯數位服務有限公司
律師顧問：廣華律師事務所 張珮琦律師

-版權聲明

本書版權為北嶽文藝所有授權崧燁文化事業有限公司獨家發行電子書及繁體書繁體字版。若有其他相關權利及授權需求請與本公司連繫。

未經書面許可，不可複製、發行。

定　　價：299 元
發行日期：2025 年 09 月第一版
◎本書以 POD 印製